家和财富兴

释子欣

变

如何有效积累足够的财富

释予欣◎著

富

电子工业出版社
Publishing House of Electronics Industry
北京·BEIJING

图书在版编目（CIP）数据

变富 ：如何有效积累足够的财富 / 释予欣著．

北京 ：电子工业出版社，2025．1．-- ISBN 978-7-121

-49201-3

Ⅰ．F830.5-49

中国国家版本馆 CIP 数据核字第 2024DJ1365 号

责任编辑：滕亚帆

文字编辑：孙奇俏

印　　刷：河北迅捷佳彩印刷有限公司

装　　订：河北迅捷佳彩印刷有限公司

出版发行：电子工业出版社

　　　　　北京市海淀区万寿路 173 信箱　　邮编：100036

开　　本：880×1230　1/32　印张：6.5　　字数：223.2 千字　彩插：20

版　　次：2025 年 1 月第 1 版

印　　次：2025 年 1 月第 2 次印刷

定　　价：79.00 元

凡所购买电子工业出版社图书有缺损问题，请向购买书店调换。若书店售缺，请与本社发行部联系，联系及邮购电话：（010）88254888，88258888。

质量投诉请发邮件至 zlts@phei.com.cn，盗版侵权举报请发邮件至 dbqq@phei.com.cn。

本书咨询联系方式：faq@phei.com.cn。

释予欣·变富十则

1. 信用是你最重要的资产。任何时候，把信用放在第一位，你都会有好机会。

2. 顺势的时候好好赚钱，逆势的时候好好读书。

3. 关系是第一生产力，它是你在这个社会中最重要的杠杆。

4. 好好做投资"人"，每天坚持定投。

5. 想要保持高能量，一定要好好锻炼身体，这是根本。

6. 做好预期管理，任何时候都不要盲目乐观。也要做好风险管理，给自己留余地。

7. 人生最重要的，且稳赚不赔的投资，就是投资自己的大脑，学无止境。

8. 向上社交一定要诚意十足，要么付费，要么花时间多做事，多给对方正反馈。

9. 与其烧香拜佛，不如好好孝顺父母。

10. 建立强大的支持系统，比如家庭支持系统、事业支持系统、社会关系支持系统等。

推荐序一

释予欣出书，找我写序言，我非常高兴。

关于她和她的书，我想对读者朋友们说七句话：

1.释予欣是我的杰出学员，为我们社群的发展做出了卓越贡献。

2.她尊师勤学、得体靠谱、重情重义，赢得了很多人的敬和爱。

3.出身非常普通的她，持续精进，成了名副其实的传奇人物。

4.关于"财富积累"，她有大量的实战经验，并取得了丰硕战果。

5.这本书是她的智慧精华集，含金量远超很多收费数万元的课程。

6.如果你渴望变富，且真的愿意积极行动，这本书特别适合你。

7.对了，如果你能成为她的学员或朋友，恭喜你，你相当幸运！

剽悍一只猫
个人品牌顾问
《一年顶十年》作者

推荐序二

从 2023 年开始，我有幸作为品牌顾问参与到释予欣老师的品牌建设工作中。品牌建设需要一系列的经营活动，于是我策划了"1218 财富大会"。一开始，我计划用比较长的时间来推动门票的销售，但没想到，活动预告一经发布，释老师的学员们就四处推荐，300 张门票很快就全部售罄。

2023 年 12 月 18 日，那天还是工作日，财富大会的现场人声鼎沸，来自天南海北的学员们齐聚一堂，与其说是来参加活动的，不如说他们是"回家看看"的——他们带着各种精心准备的礼物，在任何时间间隙，他们不是在跟释老师拥抱，就是正拉着释老师的手热情交流，就像唠家常一样。

虽然我为很多大咖名人做过活动策划，但当天现场的那种温馨氛围还是很少见的。于是我问负责大会操盘的一伊老师："你见过这样的景象吗？"一伊老师思考了一下，摇了摇头。我又问："那你觉得，为什么有这么多学员如此拥护、信任释予欣？"一伊老师又沉思了一下，回答道："我觉得，是因为这些学员跟着她真的赚到了钱，真心感谢她。"听完，我也点了点头。

只有真实的结果，方能真实地打动人心。现场确实也会听到学员反复提及："跟着释老师学习，不但收入增加了，连家庭关系都变得更好了。"没错，其实释老师所传递的财富观念并不单纯指赚钱。释老师总说："赚钱是地板，幸福是天花板。"在她看来，财富问题不是一个人的问题，而是整个家庭的问题。家庭越和谐，财富来得越快。所以，她一直主张夫妻同修财商，让家庭共同成长。

在财富大会之后，我建议她，一定要出一本书，通过图书这个载体把自己的理念传递给更多人。释老师一开始有顾虑，因为不知道该怎么起手写这本书。我建议她，把自己过去 7 年的财富观点做成一个精华汇总，就很好。

于是，这个工程在 2024 年正式启动。释予欣教练团对释老师过去 7 年所有的输出，包括公开课、朋友圈、直播等，共计上百万字的内容进行了整理。历时 3 个月，由数十名学员共同挑选并打磨出了本书中的 132 条精华理念。从某种角度来说，这确实是释老师与学员们共同完成的一本书。我跟释老师开玩笑："古有孔子的弟子们整理《论语》，今有释予欣的学生们整理'释语'。"

书稿完成后，要定书名，我说："干脆就叫《变富》吧。因为这既是你带学员拿到的结果，也是对所有不甘平庸的人的祝福。"

此刻，衷心希望正在看这本书的你，拿到更多"变富"的结果，也希望你把"变富"的祝福传递给身边那些不甘平庸的朋友。

老秦
艾迪鹅品牌咨询创始人
品牌营销专家
畅销书作者、爆款书策划人

序言

你们好，我是释予欣。

7年前，我还是一个四线城市的国企员工，每月拿着稳定的1800元工资。而现在，我是一名家庭财富管理顾问、个人品牌商业顾问、高级资产配置规划师、管理资产过亿的投资人。

接下来，我要给你讲讲我的创业故事……

我是释予欣，不甘平庸，自命不凡

高中毕业之后，我顺利通过考试进入国企，然后按部就班地结婚生子。生活虽稳定，但我不甘心。我心里一直有个遗憾，就是没上过大学。我一直认为，我的人生还有很多可能性，于是我在工作期间自修本科，并顺利拿到了毕业证。

虽然工作稳定，但收入实在有限，于是我开始做副业——

投资品牌女装店，几十万投进去，经营了3年，没赚到钱，只赚到一堆衣服，最后连这堆衣服都被我捐出去了；

做过保险代理人，给自己和全家人买了很多保险，后来连交保费都有了压力；

听别人说某项目赚钱，投资3000元每个月能赚800元，结果等我投钱进去，平台倒闭了；

听别人说投资某品牌超市赚钱，预存50000元可以理财，还可以打折拿货，结果等我投钱进去，超市被查封了……

我就这么参与了七八个投资项目，然而没有一个赚到钱，反而把自己多年来辛苦攒的积蓄都亏完了。

空有一颗想赚钱的心，却没有赚钱的认知，这让我吃了一亏又一亏。

2016 年，我生了二宝，恰逢大宝又面临小升初。看着身边的人都把孩子送到了市里的好学校（我们当时在县里），我也想给孩子更好的支持，于是我决定购买学区房。就这样，我们安稳的家庭开始负债，借钱交首付，每个月还要准时还银行贷款，本来就赚得少，这下更是雪上加霜。

偶然的一次机会，一位老大姐给我分享了财商课，正是这堂课，让我的命运发生了转折。当我听到关于穷人思维和富人思维的区别后，我意识到，原来这么多年，我是穷在了思维上。想要解决自己的财富问题，一定要培养自己的"富人思维"。

于是，2017 年，我果断辞职，开始了每月跨城市的学习之路，也开启了我的创业之路。

新的释予欣，坚定新愿景，有了新目标

我曾经有过一次付费学习被骗的经历，这令我很难过、很失望。后来我进入知识付费领域，开始有了自己的课程，并成为学员口中的"老师"，于是我暗暗下定决心，我不能"割韭菜"，我要认真交付。

过去跨城市学习时，我特别希望有一位老师能带着我、指导我，让我少走弯路。虽然我没有找到手把手带自己的老师，但是我想

成为这样的老师——在学员有困惑的时候，给他指导、给他方案；在学员面临重大选择的时候，给他建议。

2019 年，接触知识付费，开始运营互联网个人品牌，并推出自己的线上财商课程，单价 365 元，一年内售出 23000 多份。

2020 年，在疫情期间业绩实现逆势增长，万元付费社群人数突破600 人。

2021 年，在仅有 6000 多名微信好友的情况下，私域发售业绩累计高达七位数。

2022 年，帮助 300 多名学员实现了累计上千万元的投资收益。

2023 年，认识剽悍一只猫老师，毫不犹豫付费 30 万元成为他的私塾学生，也找到了人生理想，就是做一名可以影响更多人，让更多人过得更好、更幸福的好老师。

"老师"不只是一份职业，更是那个可以传道、授业、解惑的人。在课程交付期间，我努力和学员深度连接，带着他们见天地、见自己——
我带学员去贵州做了助学活动，让他们去帮助更多人；
我带学员去了王阳明龙场悟道，深度践行知行合一；
我带学员去了迪士尼度假区，让他们找回那个最童真的自己；
我带学员去了敦煌，让他们感受"大漠孤烟直，长河落日圆"；
我带学员去了戈壁，挑战四天三夜徒步 108 千米，还获得了象征着"至高无上的团队精神"的戈壁最高奖"沙克尔顿奖"；
我带学员拜访了"百亿富豪"，让他们与之深度交流，学习财富之道；
我带学员读书，让他们和圣贤对话，践行古人的智慧。

做一个好老师，可以影响他人，让他们变得更好，还可以让自己持续成长，成为更好的自己。

跟着释予欣，家和财富兴

创业7年，从全家反对到全家支持，从四线城市的县城到迁居上海，如今我生活富足，时间自由，家庭幸福！很多学员都说，我活出了他们想要的样子。

我有一个学员，之前是负债30万元的宝妈，跟我学习后不仅还清了债务，还实现了年收入50万元，并购置了两套房产。她现在扎根上海，越来越富足，也得到了家人的支持和认可。

另一个学员是国企员工，想在5年内实现给孩子购置学区房的目标，但苦于没有购房资格，且手里的钱不多，于是来找我咨询。我给出三套方案，但是她爱人都不同意，于是我让他们夫妻一起来参加我的线下课程，并给出了让他们夫妻达成共识的方案。一年多时间，他们不仅获得了80多万元的被动收入，还提前购置了学区房，实现了家庭目标。正所谓，夫妻共修，财运更好，家庭关系也更和谐。

我还有一个学员，50多岁，企业高管，前半生的收入靠工资，跟我学习后开始进行财务规划，半年多的时间，在新一线城市买了房子，每个月的被动收入也有几千元。从走出校园后，他几乎就不再读书，但跟我学习后，他会跟着社群成员一起读书，并养成了读书的习惯。他爱人都说，他仿佛变了一个人。他女儿也因感知到他的积极改变而主动跟我学习。一个人影响了一家人，不仅让家庭收入更多，还让家人更团结。

在这个快速变化的时代，财富的概念已经远远超出了金钱的范畴，

赚钱是地板 幸福是天花板

它关乎我们的生活质量、自由度及实现梦想的能力。在追求财富的过程中，许多人往往会陷入迷茫或停滞不前。很多人则缺乏财富理念，并无法形成正确的财富认知。

那么，到底什么是财富？在我看来，财富本身是一个综合概念。外在的财富是口袋里的钱，内在的财富是一种强大的精神力量。这种力量来自正反馈，比如你做了很多事情后，别人因为获得了收益和改变而给你反馈，这是一种内在的财富。

这是我对财富的理解，也是我一直想要追求的目标。

现在，我正在帮助我的学员和很多家庭实现左手赚钱，右手钱生钱，高效成长，内外富足。这些成功的学员案例让我有了巨大的成就感，我想把我的理念梳理成体系，在未来帮助更多普通人通过财富规划、优化、定制化，来实现财富增值，获得富足、喜悦的人生。

于是，《变富》这本书就这样诞生了。

这本书的使命

真正改变命运的并不是一夜暴富的奇迹，而是那些看似简单却又至关重要的财富思维。《变富》这本书所探讨的，不仅仅是如何有效积累金钱，更重要的是如何通过正确的思维模式与行为习惯，构建富足且喜悦的生活。

本书旨在探索那些隐藏在表象之下的，真正能够帮助人们实现财务自由的四个有效的财富思维，希望能为更多像我一样的普通人提供帮助。

四个有效的财富思维：

一、信用思维——信用是我们最大的资产。

二、杠杆思维——学会借势，与他人共赢。

三、配置思维——不断配置和优化你的人生。

四、流通思维——流通产生价值。

这些是我多年实践的沉淀，已经帮助很多学员和家庭获得了好的结果，希望也能为你带来实质性的改变。

在撰写这本书的过程中，我曾面临着一个巨大挑战——这么庞大的一个主题，如何用一本书来呈现？如何将抽象的概念具象化，让每一个读者都能从中受益？回顾我的个人经历，我发现真实的案例更能让人信服。所以，我在书中穿插了大量的学员案例分析和个人经历分享，希望能够以最贴近生活的方式，为大家展示这些财富思维的实际应用。

最后的话

7 年创业生涯，熬过夜、踩过坑，经历过高光和低谷。动笔之前，我心中有着强烈的愿望：希望通过《变富》这本书，激发每一位读者对未来的憧憬，让他们勇敢地迈出追求财富的第一步。

感谢你的阅读和支持。愿你在变富之路上越走越远，从平凡走向非凡，最终实现富足人生。赚钱是地板，幸福是天花板！

释予欣
家庭财富管理顾问、个人品牌商业顾问
高级资产配置规划师、管理资产过亿的投资人

目录

· 第一篇 ·
信用思维

社会信用 / 20

创业第一步，做对了什么 / 22

如何获得好运，赢得更多机会 / 24

为什么信用是最重要的资产 / 25

如何与人建立信任 / 26

如何与人建立长期信任 / 28

普通人如何积累自己的信用 / 30

如何让信用帮你创造财富 / 32

如何提高社会信用并实现财富积累 / 33

如何提升你的背书能力 / 34

为什么说影响力是你的信用 / 36

金融信用 / 38

缺钱时，朋友和银行谁更靠谱 / 40

为什么一定要重视金融信用 / 41

如何积累个人信用资产 / 42

为什么要尽早关注自己的财务健康 / 44

什么是现金流 / 45

为什么普通人更要关注家庭现金流 / 46

为什么要主动积累金融信用 / 48

如何做好个人财务管理 / 49

要不要借钱给别人 / 50

· 第二篇 ·

杠杆思维

影响力杠杆 / 54

什么是杠杆思维 / 56

为什么说表达能力是最重要的能力 / 57

如何提升个人影响力 / 58

为什么一定要做震撼大事件 / 60

如何练习"表达"这项基本功 / 62

如何让他人长期跟随你学习 / 64

如何在社群内提升影响力 / 66

影响力的本质是什么 / 68

如何成为社群里更受欢迎的人 / 69

什么样的分享最能打动人 / 70

出书的本质是什么 / 72

如何让别人主动为你转介绍 / 73

资本杠杆 / 74

什么是资本杠杆 / 76

如何实现资产增值 / 77

在生活中资本杠杆有哪些 / 78

什么是顶级富人思维 / 80

如何盘活现金流 / 82

如何越花越有，越花越赚 / 84

为什么现金流如此重要 / 86

为什么说投资是人生的最后一份事业 / 87

在互联网中如何实现财富倍增 / 88

为什么一定要学会营销 / 90

花钱的本质是什么 / 91

跟着释予欣 家和财富兴

赚钱是地板 幸福是天花板

人力杠杆 / 92

最长久的财富之道是什么 / 94

为什么说人是最大的杠杆 / 95

如何用好人力杠杆 / 96

为什么要组建团队 / 97

如何构建一个高质量的人脉圈 / 98

组建团队的关键是什么 / 99

如何提升团队行动力 / 100

如何更好地激励别人 / 101

如何判断自己在某个领域是否有天赋 / 102

时间杠杆 / 104

什么是时间复利 / 106

怎样跟时间做朋友 / 107

如何利用时间杠杆赚到人生的第一桶金 / 108

没有钱，应该怎么突破 / 110

为什么要给自己的时间定价 / 112

如何利用时间杠杆解放自己的时间和精力 / 114

为什么要出书 / 115

如何做好时间管理 / 116

如何"一鱼多吃"实现多方共赢 / 118

如何理解长期主义 / 120

普通人如何实现快速成长 / 122

第三篇

配置思维

婚姻配置 / 126

如何理解人生中最重要的三种配置 / 128

谁是我们一生中最重要的人 / 129

在婚姻配置中为什么要保持
夫妻同频 / 130

夫妻共同财产怎么管理最好 / 132

如何更好地发挥女性在婚姻配置中的
作用 / 134

为什么家庭支持系统如此重要 / 135

如何通过改善家庭关系来提升幸福感 / 136

如何用投资思维培养孩子 / 138

什么是真正的孝顺 / 139

如何平衡家庭和事业 / 140

资产配置 / 142

什么是资产 / 144

为什么要做资产配置 / 145

资产配置的关键是什么 / 146

为什么越早做资产配置越好 / 148

金融投资里最难的是什么 / 149

普通家庭如何做好资产管理 / 150

拥有多少钱才能进行资产配置 / 152

创业过程中，什么最重要 / 153

如何通过副业增加收入 / 154

如何找到适合自己的商业模式 / 156

财富管理的本质是什么 / 158

为什么一定要重视风险管理 / 159

贵人配置 / 160

谁是你的贵人 / 162

如何识别一个人是不是自己的贵人 / 163

如何认识和连接牛人 / 164

向上社交的核心是什么 / 165

如何向上社交 / 166

如何为自己选择老师 / 168

如何通过换圈子实现人生逆袭 / 170

为什么要不断"破圈" / 172

如何经营好自己的圈子 / 173

如何优化自己的人脉圈 / 174

除了换圈子、遇贵人，还能做什么 / 176

如何让自己拥有好运气 / 177

· 第四篇 ·

流通思维

知识流通 / 180

如何快速提升认知 / 182

如何高效读书 / 184

如何高效用书 / 185

如何提出高质量的问题 / 186

什么是顶级学习方法 / 187

如何提升深度思考的能力 / 188

如何拓宽自己的眼界 / 189

在互联网上赚钱需要哪些基本功 / 190

为什么要学会提问题 / 192

什么时候是做事的最好时机 / 193

想过好这一生，必须学好哪些知识 / 194

逆天改命的机会你抓住了几个 / 196

为什么越是处于困境中越要花钱

去学习 / 198

什么样的内容最吸引人 / 199

人情流通 / 200

如何团结盟友 / 202

如何让别人对你印象深刻 / 203

情商高的人如何积累人脉 / 204

如何与他人共赢 / 205

如何激发一个人的善意 / 206

如何谈钱不伤感情 / 208

如何维护好高端用户 / 210

怕欠人情，不敢求助怎么办 / 211

如何用一份礼物让别人记住你 / 212

如何让别人更愿意靠近你 / 214

如何在别人的主场当好客人 / 216

资产流通 / 218

为什么说人是最重要的资产 / 220

如何突破赚钱卡点 / 221

如何克服不敢做销售的恐惧 / 222

如何才能大胆地卖东西 / 224

如何突破不敢营销的卡点 / 226

什么是高级营销 / 227

如何提高营销成功率 / 228

什么是最高级的营销方法 / 230

什么是好生意 / 231

如何找到自己的创业方向 / 232

为什么说钱谁用就是谁的 / 234

后记 / 236

第一篇

信用思维

信用是我们最大的资产

我们一生都在解决一个问题，那就是关于"信"的问题：信用的"信"、诚信的"信"、信任的"信"。

每当有人问我："释予欣老师，你的财富增值秘诀是什么？"我总是毫不犹豫地说："坚守信用。"

信用，是我赚钱之道的核心。

信用比金钱重要，它是我们一生中最宝贵的无形财富。在我看来，一个人即使没有金钱、没有人脉、没有资源，但只要有信用，他就有翻身的机会。

现实中，很多人不重视信用，甚至滥用它。所以，我一直在努力传播信用的价值，坚信有信用的人会得到更多的机会。"让有信用的人过得更好"，这是我创业以来始终坚守的使命和责任。

接下来，我将从社会信用和金融信用两个层面来解读"信用"。

社会
信用

社会信用，是人际交往、财富增值的基石，即"做人方面的信用"。社会信用体现了个人的可靠性和责任感，信守承诺、待人以诚，便能在无形中积累社会信用。

当我们处在起步阶段，一无所有时，建立社会信用是首要任务。这时需要问自己：我是否值得信赖？我是否能在每一次都完美履行自己的承诺？有多少人真正认可我？在他人眼中，我究竟是怎样的人？

在日常生活中，我们所做的每一件事都会在未来得到回应。因为做过的事，总会留下痕迹。只有可靠的人发出的信号，才会得到他人的回应。

建立社会信用是需要长期坚持的。只有积累了坚实的社会信用，我们才能进一步触及杠杆、配置和流通等财富的本质。

创业第一步，
做对了什么

01

> 当你不断地去学、去用、去教，即反复做大量的训练时，
> 你将收获最快的成长。

总有人问我："当年创业第一步，你做对了什么？"

2017 年之前，我还是山西某四线城市下辖小县城一名普通的国企职工，高中学历，做着简单重复的工作，拿着 1800 元的月薪，过着安逸且稳定的生活。

我原以为人生会这样一直下去，直到为了给孩子更好的教育而买了市里的学区房，我的家庭一下子陷入了"巨大"的债务危机。

2017 年 4 月，办完所有房产相关手续之后，我没有感到兴奋，而是连续失眠，大把大把地掉头发。工资收入只有每月 1800 元，首付加银行贷款严重超出了我的能力范畴，我面临着巨大的压力。

2017年7月，经朋友介绍，在卡里只有15000元的情况下，我花了11000元报名参加了一个财商课程，开始了学习和创业之路。

基础差、没经验，不知道如何去做的时候，我就简单地听话照做。2017年8月，我建立了自己的免费社群，一个月内4次跨城市去学习，回来之后就把所学内容逐字逐句写下来，在社群里分享，每天坚持。就这样，我从拥有一个500人的社群到拥有了三个500人的社群。我坚持分享了3年，影响了1500多人，群里的很多人后来成了我的用户或合伙人。

当你刚起步时，要踏踏实实做好每一件小事，这是建立信用最好的机会。当别人觉得你很靠谱时，他会更愿意相信你，这时也会有更多人愿意靠近你。

❋ 我的财富思考 ❋

如何获得好运，赢得更多机会

02

> 信用的背后是什么？是一个人的靠谱：做人靠谱，做事靠谱。

靠谱的人更容易获得他人的信任，更容易吸引到贵人，从而拥有更多机会。

2019 年，我当时的财商课老师找到我，想让我成为其线上课程的运营负责人。在没有谈任何薪酬的情况下，我欣然同意并参与到课程的研发与营销当中。

疫情期间，我协助老师成功将课程售出 2 万份以上。因为这件事，我得到了老师的青睐，获得了非常多宝贵的资源和投资机会。

所以，信用源于做人靠谱、做事靠谱，它能让你连接贵人，拥有更多资源和机会。

为什么信用是最重要的资产

03

> 一个人即使没有金钱、没有人脉、没有资源，但只要有信用，他就有翻身的机会。

2023 年 2 月，我花了六位数的费用报名剽悍一只猫老师的"通透私塾"，在他的指导下迅速升级了自己的盈利模式。那时我有一个客单价为五位数的合伙人产品，购买人数有 22 人。后来我发现，"高客单价高分佣"的模式必定会对品牌产生很大的影响。于是我面临两个选择：一是维持现状，承担品牌风险；二是为学员退费，亏损 80 万元。我果断选择了后者。虽然亏了钱，但我却因为这件事得到了很多社群成员的认可，他们反而更加信任我——有很多人购买了我更高客单价的产品，还有很多人帮我的产品进行了转介绍。我看似亏钱，实则得到了更多人的支持！

我一直坚信，信用是一个人最重要的资产。当你维护品牌价值的时候，你就有了更多的信用资产。

如何与人
建立信任

04

> 信任的建立是需要时间的，如果时间不够，你的信用度和连接度就是不够的。

1. 花更长的时间陪伴对方

我曾经办了一个读书会，原本的交付时间是每天 1 小时，连续交付 1 周。而事实上，我每天的交付时间都在 2 小时以上，有时甚至达到 3 小时。那时我只有一个想法——帮助学员解决问题更重要。基于此，我也获得了更多学员的认可和信任。

2. 事上见

要想与人建立信任，请尝试和他共同做一件难忘的事。

2023 年 8 月，我带着 20 多位学员一起挑战戈壁徒步 108 千米，去见天地、见众生、见自己。在这次四天三夜的戈壁挑战赛中，我们克服集体受伤的困难，全部完成了挑战，获得了象征着"至高无上的团队精神"的戈壁最高奖"沙克尔顿奖"。我们一群人也建立了深厚的友谊。

3. 钱上见人品

在面对利益分配的时候，在面对金钱诱惑的时候，往往能真正看清一个人的人品。

2023 年年底，我给为团队做出卓越贡献的 4 个人每人送出一辆车。对身边的人好，舍得给，才是正事！

以上是我通过一件件小事，建立起来的我与学员之间的信任关系。如果你想和一个人长期连接和互动，还可以送他小礼物，或定期与他见面，增进感情。

❂ 我的财富思考 ❂

如何与人建立 长期信任

05

当你持续靠谱的时候，你会更容易与人建立长期信任。

1. 高频率地出现在他人面前

比如，在我的社群里，我每年会做 100 场以上线上答疑，以及至少 12 次线下分享。如此高频率地出现，让我赢得了社群成员的高度信任。

2. 有履约能力

2020 年，我付费 5 万元报名参加了一个课程，交付期为一年。但两个月后，主理人就停止了交付，这让我的体验感非常不好。这件事也给了我深刻的警示，提醒我在服务学员的过程中要好好交付、认真履约。一个人的履约能力，代表了他的个人信用。

3. 给人留下好印象

2020 年，我开始在每年的感恩节给我的社群成员送礼物，直到今天，已经有人连续 5 年收到感恩节礼物。因为给学员们留下了温暖、用心、慷慨的好印象，一些学员陆续购买了我的其他高端产品。

4. 管理他人对你的信心

通过不断展示自己的成果，管理他人对你的信心，他们会更愿意与你保持长期的信任关系。如果他人觉得你不行了，那他们可能就会远离你。

在我的社群中，我会定期分享我的成长经历和学习心得，包括成功和失败的经验。这种真诚和透明的分享，让社群成员感受到我不是高高在上的专家，而是一个值得信赖的朋友和伙伴。通过这种方式，我与社群成员之间建立了深厚的长期信任关系。

◙ **我的财富思考** ◙

普通人如何
积累自己的信用

06

越是普通人，越要注意积累信用，因为这决定了你能调动多少资源，也在很大程度上决定了你拥有财富的规模。

我认识的许多人在谈到信用时都有两个误区：一是知道信用重要，但不够重视；二是认为无须时刻关注信用，等需要时再说。越是普通人，越要注意积累信用。那么，普通人如何积累自己的信用呢？

1. 礼尚往来

在生活中要力所能及地帮助身边的人。如果你有需求，你也可以主动释放信号，让别人来帮助你。有来有往，会增进彼此的信任。

刚搬到上海的时候，我需要购买很多日常用品，于是我列了一个清单，主动和我的朋友们"要礼物"。就这样，每当在家里看到这些物品的时候，我就能想到我的朋友们。我还会时不时给他们拍张照片反馈一下，这极大地增进了我们的连接。在他们需要支持的时候，我也会全力以赴。

2. 做事靠谱

做事靠谱是你能获取财富最核心、最基本的要素。

做事靠谱要注意三个方面。一是不夸张、不夸大。很多人习惯说的比做的多，想要积累信用的人切不可这样做。二是在与人合作时不要让人吃亏，也不要让自己吃亏。追求共赢，合作才能长久。三是敢于负责。一般来说，你能担负起多大的责任，就能配得上多大的财富。

3. 在金融机构的信用要好

我们从跟金融机构打交道的第一天起，就要有意识地积累自己的信用，特别是不能触碰金融机构的底线，比如投资亏损恶意不还、恶意拖欠等，这会导致个人征信报告中有不良记录，从而极大影响个人信用。

信用是一个人最大的资产，是你和外界连接的法门。任何时候都不要丢了自己的信用，信用基本上决定了你的资产规模。不断积累信用，你会发现自己越来越值钱。

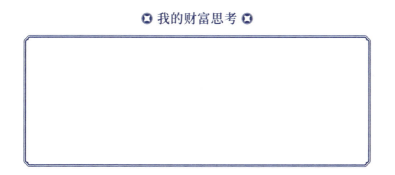

◎ 我的财富思考 ◎

赚钱是地板 幸福是天花板

如何让信用
帮你创造财富

07

> 若你很有信用，别人就会觉得你很靠谱，进而愿意相信你，愿意借给你钱，愿意帮你介绍资源、搭建人脉……这样你就有了"杠杆"。

能获得财富的一个最重要的因素就是，有信用！

当你推出一个产品的时候，如果有人愿意为此买单，则意味着你的产品价值是被认可的，是可以帮你创造更高收益的。这个时候你会发现，你平时积累的信用派上了用场。

比如，在一次线下课中，我写了一幅字，并将其专门裱好，在现场拍卖。经过激烈的竞拍，我的一位学员以 38900 元的价格成功拍到了这幅字。

如何提高社会信用并实现财富积累　08

> 商业能力、投资能力、表达能力，是实现财富积累的关键能力。

首先要具备赚钱的商业能力，这意味着你能够提供有价值的产品或服务，并吸引用户。

其次要具备让钱生钱的投资能力，即有效地管理和投资已有的资产，使其获得增值。

最后要具备影响他人的表达能力，通过演讲等方式提升个人影响力，建立个人品牌和信用度，从而吸引更多用户和投资方。

这几种能力形成一个闭环，相互促进，可以帮助你实现财富积累。

如何提升你的背书能力　09

> 提升背书能力的三大法宝：和名人同框、展示荣誉、关注身边厉害的人。

1. 和名人同框

要想提升背书能力，核心点就是具有同框思维，关注你与谁同框。这个"谁"，可能是人，也可能是物。

举个例子，当你在发售产品时，如果有大 V 为你站台，那么大众会因他的段位高而认为你的段位也不低，会因他公开肯定你而认可你。这便是所谓的"向上社交"。

2. 展示荣誉

要积极展示自己在专业领域获得的荣誉，这将大大提升你的专业性和知名度。比如，你在某个领域获得了专业奖项或拿到了专业证书，这都是对你专业度极大的认可，也是你的背书。

3.关注身边厉害的人

不要忽视了身边的人。仔细查看你的朋友圈里都有谁，如果你身边的人都很厉害，那你一定也不差。这是提升个人背书的重要因素。

类比一下，大家都知道蟹黄包、蟹黄粉面是很有名的小吃，只是因为加了蟹黄，它们就比普通的包子、面条贵上几倍。因为大众都知道蟹黄很贵，能和蟹黄搭上边的，一般也都会"身价倍增"。

想要让自己更值钱，一定要给自己好好积累背书。

◎ 我的财富思考 ◎

为什么说 影响力是你的信用 10

> **影响力是一个重要"杠杆"，也是普通人获得财富最有效的"杠杆"。**

当一个人的信用积累得很高时，其影响力自然也会很大。当一个人的影响力很大时，其自然也会更加注重对个人信用的维护。

我最近看到一个人写了一篇文章，大概是说，他和另一个人合作，交了钱后对方就失踪了，完全联系不上，自己踩了大坑。如果将对方换成一个有一定影响力的人，他大概率不会玩失踪，毕竟有很多人"盯"着他，在某种程度上来说，与他合作会更安全、更靠谱。

所以，找合作伙伴一定要评估风险，其中一个判断标准就是看他的影响力。影响力大的人，其信用等级通常也较高。

我通过持续输出高质量的内容和积极进行社群互动，建立了一个专业可靠的个人品牌。我每年都会在 12 月 18 日这天举办一场"释予欣年度财富大会",邀请社群内在各行各业获得了财富增长的人来分享他们的经验。这样的行为不仅提升了我的专业形象,还提升了我的信用度和影响力。

赚钱是地板 幸福是天花板

❖ **我的财富思考** ❖

金融信用

金融信用，指的是我们在金融机构的信用，与个人的经济生活息息相关。在金融机构眼中，一个人的信用记录是评估其还款能力和还款意愿的重要依据。保持良好的金融信用，是个人财务稳健增长的保障。

我们这一生一定会遇到需要用钱的时候，在缺钱的时候应该找谁借？很多人说，找身边的富人朋友借。但他们真的愿意借钱给你吗？不一定。

我一直反复向我的学员强调一个重要理念，现在同样将其分享给各位读者：必须提前在金融机构积累信用，你可以不用，但不能没有。

缺钱时，
朋友和银行谁更靠谱

01

一定要重视自己在银行眼中的信用，提前进行信用积累，提前做好规划。

在生活中，我们经常会遇到着急用钱的情况。找朋友借钱，金额有限还要欠人情，这时不如关注银行等金融机构。

比如，创业初期的我，没什么钱还要经常跨城市学习。我要报一个价格高达五位数的课程，想找朋友借钱却开不了口，最后没办法，我直接刷信用卡支付了学费。然而没想到的是，这反而给了我更大的赚钱动力。两个月之后，我就翻倍赚回了学费。

这件事让我明白，平时一定要积累个人的金融信用，在关键时刻，这能帮上大忙。

为什么一定要 **02**
重视金融信用

金融信用可以不用，但不能没有。

积累金融信用，在需要用钱的时候，就可以用比较低的成本借到一些钱，解决你的燃眉之急。

我在教学员的时候，也会特别强调积累社会信用和金融信用的重要性。金融信用最直接的体现就是你的征信报告，它是你在金融机构借钱的重要依据。所以，大家一定要注意自己的征信情况，保持良好的征信记录。

另外，积累金融信用要注意养用结合，多养少用。我们不能过度使用自己的信用和人脉资源，不然会对个人信用造成不好的影响。只有合理使用信用，才能让它给我们带来更多的帮助和机会。

如何积累
个人信用资产

> 如今的社会是一个信用社会，只要你有信用，你就不会
> 缺乏现金流。

信用是如何产生的？知道了方法，你也可以积累自己的信用资产。

试问，缺钱的时候，你会向一个陌生人借钱吗？大多数人都不会，因为你们根本不认识，这意味着你们之间根本没有信用关系。你是否好奇，这看不见摸不着的信用到底是如何产生的？

对于这个问题，我总结了以下 3 点。

1. 你在别人眼中的偿还能力

比如，一个人要向别人借 100 元，从这笔钱的数额之小就能看出他的资金链很紧张，这时就要思考：借给他钱，他是否还得起？

赚钱是地板 幸福是天花板

2. 你给他人留下的印象

比如，现在有两个人在向他人借钱，一个比较穷，一个比较富。大概率后者会更容易借到，因为他给人感觉更富有、更具偿还能力。所以你也要给别人留下好印象，借钱给他人一般都是"救急不救穷"的。

3. 有良好的过往借贷记录

若一个人有良好的还款记录，那他的信用记录也会越来越好，能借到越来越多的钱。相反，要是有一次违约记录，那么可能就没有人愿意再借钱给他。如果你想跟别人或金融机构借钱，那么你一定要拥有良好的借贷记录，与对方建立良好的信用关系，这一点很关键。

◙ 我的财富思考 ◙

为什么要尽早
关注自己的 **04**
财务健康

尽早关注自己的财务健康，可以有效避免过度消费带来的麻烦，让自己在未来不受财务问题的困扰。

很少有人会主动关注自己的财务健康，大部分人从来没有做过财务诊断，也没有在乎过自己的财务状况是否良好。就好比一个年轻力壮的小伙子，相比于中年人，通常不会太关注身体健康问题。

在我过往的咨询案例中，很多人都认为自己的财务状况很良好，但当我帮他做完财务梳理之后，他们会意识到自己的财务状况很糟糕，甚至马上要面临账单逾期、银行失信等一系列问题。出现这样的问题，一方面是因为过度消费，另一方面是因为他们不够重视自己的财务规划。

如果能尽早关注个人财务健康，那么将会减少很多关于财务方面的困扰。

什么是
现金流

05

赚钱是地板 幸福是天花板

现金流是衡量企业、家庭或个人财务状况的一个重要指标，现金流不仅针对企业，对家庭和个人来说也很重要。

这里我们主要关注家庭或个人的现金流。

现金流，是指在家庭生活和个人生活的各个阶段，需要生存和满足生活目标的现金支出。例如基本生活支出、房贷、子女教育费用、养老金、用于疾病或意外的医疗费用、纳税金，以及高品质生活消费等。

财富管理的首要目标就是，保证家庭或个人生命周期各个阶段的现金流充足且稳定。现金流充足且稳定，你的家庭财富、个人财富才能充足且稳定。

为什么普通人更要关注家庭现金流

06

> 充足的现金流是让你保持财务健康的前提，也是让你在家庭生活中感到从容的关键。

1. 满足基本生活开支

在平时的生活中，一定要确保自己的现金流能够满足基本生活开支，比如教育、医疗、住房等的开支，避免让家庭陷入财务困境。

2. 应对突发事件

我在创业早期因为突然决定买房而陷入财务困境，现在想想，就是因为没有储备充足的现金流。

3. 提高生活质量

良好的现金流可以让你的生活过得更幸福。比如，你可以在基本的工作和生活之余安排娱乐活动或外出旅行等。

4. 把握投资机会

在生活中，我们总会遇到各种各样的投资机会。如果此时你手中有充足的现金流，那么你就更容易把握这些机会，从而获得更多的赚钱机会。因此，管理好你的现金流非常重要。只有这样，当机会来临时，你才能抓住它，并实现财富增值。

◙ 我的财富思考 ◙

赚钱是地板 幸福是天花板

为什么要主动 07
积累金融信用

> 虽然积累金融信用需要时间，但它会在你最需要的时候发挥作用。积累信用，养在平时。

要"有意识"地在平时积累金融信用，创造机会在银行积累金融信用。经常有人说："我不需要融资，我有钱，我不向银行借钱。"我以前也是这样想的，觉得借钱是一件丢人的事，但是，当我明白了信用的重要性后，我改变了想法。

想象这样一个情景：你刚认识一个人，你能立刻向他借钱吗？当然不能，因为你们之间还没有建立起信任关系。但是，如果你和这个人经历了一些事，建立了深厚的情谊，那么当你有一天需要帮助时，他大概率会尽力帮助你。

建立信用是需要成本的，就像与朋友相处一样。你需要花费时间和精力去维系关系，这样才可能在关键时刻获得帮助。在银行建立金融信用也是一样的，你现在和银行建立信任关系，虽然可能会支付一些利息，但这实际上是在为未来打基础。

如何做好
个人财务管理

08

赚钱是地板 幸福是天花板

理财之道，在于平衡收支、理性投资、做好债务管理、做好保险规划，全方位守护财富安全与增长。

第一，定期检查收支是否平衡。通过记账的方式了解自己的消费习惯，做好开源节流。开源，想办法开拓你的收入渠道。节流，减少不必要的支出及弹性支出。

第二，理性投资。买一些理财投资产品，通过理财投资增加一些收益。根据自己的风险承受能力、投资目标和投资计划时间进行投资。多元化投资，以分散风险。

第三，做好债务管理。很多人有信用卡负债，或者在"花呗"等平台上有欠款。不同平台的借款利息高低不同，要合理进行债务管理，把高利息的产品换成低利息的产品。

第四，做好保险规划。确保持有足够的保险产品，包括车险、财险、健康险等。应根据家庭的收入情况，做合理的保险规划，确保能满足家庭的保障需求。

要不要
借钱给别人

09

> 通过一次借贷便能了解一个人的信用，判断其是否值得深交。

关于要不要借钱给别人这件事，我从以下几个维度给出我的建议。

1. 救急不救穷

人都会遇到一些紧急情况或意外状况，需要资金周转。如果你评估对方是有偿还能力的人，且他的需求在你的能力范围之内，那么可以考虑借钱给他，毕竟在别人困难的时候帮一把，也是在加固彼此的关系。如果对方一直都比较拮据，也没有上进的意识，那么当他找你借钱时，你需要询问用途，如果其仅仅用于个人消费，那么尽量不要借。

2. 参考银行的贷款原则

你要评估对方是否有偿还能力，如果不知道如何评估，可以参考银行的贷款原则，本质上，你的借款原则与银行的贷款原则是一样的。

影响力杠杆

在本篇中，我将深入探讨杠杆思维的 4 个核心维度：影响力、资本、人力和时间。

善用杠杆，事半功倍。

阿基米德曾说：给我一个支点，我就能撬起整个地球。

这就是杠杆的力量。

杠杆无处不在，但很多人却忽略了它，对它视而不见，白白错失了很多可以"四两拨千斤"的机会。

当我们要运送重物的时候，可以找一辆小推车，把东西放到小推车上运送，这样可以省时省力。这个小推车就是杠杆。

所以，生活中处处有杠杆，就看你会不会用。

第二篇

杠杆思维

学会借势，与他人共赢

3.通过借贷关系来积累自己的信用

借钱给别人，要看对方是否有偿还能力，借过一次，就知道这个人的信用分值怎么样了，能判断他值不值得深交。

如果向别人借钱，你要让对方看到你有偿还能力。比如，在自己不太缺钱的情况下去借钱并按时还钱，这反而可以增加你的信用分值。有借有还，再借不难。通过借钱和还钱，你可以筛选出值得信任的人。

经营深度关系的本质就是，在你需要帮助的时候，他能帮到你，有能力借钱给你，或者愿意帮你介绍资源、提供信息。但是他为什么愿意帮你？这就要看你日常的为人处世，以及为自己积累的信用分值了。

信用是一个人最重要的资产,学会积累信用,你真的不会"缺钱"！

✪ 我的财富思考 ✪

一个人的影响力可以被视为一种"杠杆"。

影响力越大，能触达的人群范围就越广，人们对你的了解
也会越深，并对你越信任。提升个人影响力，不是自己宣
传自己，而是借助影响力大的人，让他们去宣传你。这也
是一种杠杆。

这种杠杆的核心价值在于，你能够以更低的成本去撬动更
大的资源，从而获得更高的收益。这体现了杠杆原理的本质。

举例来说，在撰写这本书的前期，我投入了有限的时间和
精力来准备，而这本书出版后会产生持久且深远的影响，
这正是长尾效应的典型体现。同样地，发布短视频、分享
朋友圈等，也利用了杠杆思维，是以较低的成本提升影响
力的有效方式。最终，这些方式都将帮助我们触达并影响
更多人。

什么是
杠杆思维

杠杆思维就是用更低的成本撬动更大的资源。

很多人坚信"凡事靠自己"，总想把自己练成全能型选手，最后却没有取得成果，然后表现出焦虑；还有很多人只想自己做事、自己赚钱，不愿与他人分钱，所以事业难以做大……

这个世界上存在很多人、很多事，我们要认识到个人的局限性，学会运用杠杆思维，学会借势、借力、借资源，进而与他人实现共赢。

人在社会中一定要学会借助杠杆的力量，善用各种工具与资源，以巧力取胜。万物不为我所有，万物皆为我所用。

为什么说 表达能力是 最重要的能力

02

赚钱是地板 幸福是天花板

> **罗振宇说，每个行业的红利，都会向善于表达者倾斜。**

一定要学会通过表达来放大你的影响力。

雷军、董明珠、樊登等大佬，他们善于表达，演讲能力极强，很多人认可他们的智慧，购买他们的产品，追随他们的脚步。

2022 年跨年的时候，我通过直播做了一次营销大事件，直播 8 小时，近 15000 人观看，影响了近 200 人下单购买定价万元的产品。这次大事件让我明白：一个人的表达能力会直接影响他人的决策，更能放大自己的影响力，提升转化率。

在这个过程中，新增的粉丝在后期可以直接反哺你最初的商业变现环节，有的人甚至会"闭着眼睛"购买你的产品。

如何提升
个人影响力

03

提升个人影响力，不是自己宣传自己，而是借助影响力大的人，让他们去宣传你。

1. 帮名人成事

要多参与名人的大事件，当你在大事件中做出很好的成绩时，你自然会被这位名人看见和认可，也会被更多人认可。

每年，我都会参与我的老师剽悍一只猫的专栏发售活动，因为战绩卓越，我连续两年获得了"剽悍江湖超级影响力"荣誉奖杯，且剽悍一只猫老师会在他十几万粉丝的公众号上公开向我致谢，这大大提升了我的个人影响力。

想要提升个人影响力，帮名人成事是捷径。

2. 做震撼大事件

如果你想获得更大的影响力，那么你就要不断地做震撼大事件，也就是"里程碑事件"。比如，自打创业以来，3

年时间里，我坚持每天在 3 个 500 人的社群中分享，每年定投一套房产，还达成了单场直播发售业绩突破 238 万元的目标……每件事都是一次震撼大事件，因为做这些事，有更多人开始关注我，与我产生连接。

3. 激发善意

比如，我把某次专栏发售活动和贵州助学活动进行了深度绑定，把 721 位购买专栏的人的名字都写在了助学条幅上，拍照发给他们，还给每个人都做了爱心捐助证书，他们都很感动。后来我陆续收到很多人的私信，他们想要主动与我连接。

通过一件事，既可以实现多方共赢，又可以激发更多人的善意，同时可以让你拥有更大的影响力，何乐而不为呢？

❂ **我的财富思考** ❂

为什么一定要做震撼大事件 04

> 参与震撼大事件有助于提升个人影响力，因为做这件事的成本极低，但回报可能无限大。

借助大事件和万人"舞台"，更多人可以看到你。扩展人脉最重要的武器是个人价值，在互联网时代，这也是你的信用资产。

震撼大事件即使不赚钱，也值得去做。为什么？因为它能让人看到你的实力，这是"秀肌肉"的好机会。人们付费购买的是未来的可能性，他们看到你曾经取得的成果，就会相信自己也有取得这种成果的可能性。你的自身价值越高，认可你的人就越多。

在"江湖"上没有名气，就没有任何背书。做震撼大事件不仅是为了赚钱，更是为了在未来赚大钱。通过震撼大事件积累的影响力，本身就是你的背书。

另外，如果想通过有影响力的事件与更多人建立长久且稳定的信任关系，那么最核心的就是传达做这件事背后的重要意义。我觉得，一件有意义的事会影响更多人，让他们自发地参与进来。比如，我将贵州助学活动与剽悍一只猫老师的专栏发售结合在一起，不仅提升了我的个人影响力，还做了公益、传递了一份善意，而这份善意也会被传递给更多人。

◎ 我的财富思考 ◎

如何练习"表达" 05
这项基本功

练习"表达"这项基本功是非常重要的。你需要精准地把你的想法传达给目标用户或者你想传达的人。

1. 刻意培养自己的表达欲和分享欲

有新的想法、新的思考时，要积极地向外分享，无论是以什么方式，请"说"给别人听。

2. 构建基本的逻辑框架

表达的时候，要有基本的逻辑框架。比如，我经常会使用"总分总"结构，先表达自己对某事件的观点或看法，然后就事件中的细节展开描述，最后总结我从事件中获得的启发、思考或感知。这样表达，我的逻辑会显得非常清晰。

3. 多答疑

多通过答疑的方式训练自己的临场应变能力和语言组织能力，借他人的问题激发自己的思考。

跟着释予欣 家和财富兴

4.养成拆解思维和习惯

养成拆解思维和习惯，看到任何事物或现象，多问几次"为什么"，让自己进入深度思考状态，探寻事物表象下的本质。

5.培养内容整合能力

培养自己的内容整合能力，学会整理核心信息，将其内化成自己的观点之后进行二次输出，加深印象。

6.多观察、多记录

实时观察，实时记录。很多想法都是转瞬即逝的，需要及时将其记录下来。

通过这样的刻意练习，一方面可以提升你的表达能力，另一方面可以增强你的自信，塑造你的个人魅力。

◎ 我的财富思考 ◎

如何让他人
长期跟随你学习

06

> 当你有能力让别人因为跟随你学习而变得越来越好时，就会有越来越多的人愿意靠近你，持续跟随你。

1. 让自己持续进步

如果你保持学习状态，不断提升自己，那么别人在你身上就更容易看到希望，进而愿意跟随你学习。我为了不断提升自己的交付质量，每年支付六位数的费用跟随高段位的牛人近距离学习。不少学员笑称，原本跟着我学习是想解决家庭财富管理的问题，没想到还解决了个人关系问题、自我成长问题，培养了深度思考的能力，超赚！

2. 真正关注学员的需求

我有一个学员常年在国外，她来线下的时候，我给她准备了专属礼物并告诉她："我们给学员寄了很多次礼物，你都收不到，但是现在你回来了，别人有的你也要有。"学员表示，这么小的事没想到我还记着，她特别感动。

每个人都渴望被关注、被认可、被看见，人和人之间的关系需要用心经营。

3. 让学员发生改变

在日常交付中，我不喜欢自己滔滔不绝地讲，而是更倾向于解答他们提出的问题。比如，通过游戏或情景演绎的方式引发他们的思考，促使他们行动并发生改变。有不少学员反馈说，跟着我学习之后，无论是个人气质、个人状态，还是事业高度、收入水平，都发生了显著的变化。

形成商业秘籍其实并不需要太多复杂的技巧，关键是真诚地帮助学员解决问题，让他们发生改变。当他们的生命状态越来越好时，他们自然会愿意靠近你，并长期跟随你学习。

◎ 我的财富思考 ◎

赚钱是地板　幸福是天花板

如何在社群内 提升影响力 07

在社群内成为"群红"是提升影响力的一种重要方式。如何做一场出色的社群分享，让更多人记住你呢？

1. 感谢

一定要做懂得感恩的人，感谢群主给自己机会在群里分享。另外，一定要记得在群里发红包，不要太吝啬。

2. 夸赞

一定要和群主共赢，可以讲一下你跟群主学到了什么，有什么样的收获及改变。

别人说你的产品好的时候，你就会很开心。这是人性使然。

3. 分享要正式

先做自我介绍，然后做分享。准备要充分，分享要正式，一定要让社群成员有收获和启发，且愿意主动与你连接。

4. 赠送福利

分享结束后，要再次感谢群主给你提供的分享机会，并且给社群成员准备福利。

我曾经受邀在一个社群内分享，遵照上述方式去做，分享结束后有 100 多人来加我微信，后来其中的一些人陆续购买了我的产品。

在别人的社群内做分享，一定要多讲你和群主的故事，多给群主加分，充分和群主共赢。通过这个方式，你一定会成为一个在社群里非常受欢迎的人。

❂ 我的财富思考 ❂

影响力的
本质是什么

> 影响力就是信用，是最重要的杠杆。一定要在正确的方向上做正确的事，要想突破圈层，就要懂得提升你的影响力。

很多人会想：为什么要提升影响力？为什么要让更多人知道我？为什么要做那个"显眼包"？

你要知道，一个人的影响力越大，他的信用度就越高。

假设，有人向你借 5 万元，但你都不知道他是谁，那你会借吗？相反，如果是哪个名人来借，你可能就会愿意借给他。本质差别就是两者的影响力不同。

一个人的影响力越大，他的公开象限就越大，你对他的信息、数据就会了解得越多。你越了解一个人，就越愿意相信他。

这就是影响力的力量，也是影响力的本质。

跟着释予欣 家和财富兴

68

如何成为社群里更受欢迎的人

09

> 多为社群做贡献，让群主给你背书并分享你的案例，这样你就会成为社群里更受欢迎的人。

如果你在社群里遇到以下几种人，你更愿意和谁成为好友？

A. 一进群就各种打广告，介绍自己的产品有多好。

B. 在群里积极与人互动，活跃气氛，但时不时发布"私信我给你赠送××福利"的消息。

C. 一进群就先发个大红包感谢群主，然后发个自我介绍就默默"潜水"。

D. 每次看到群里有分享便主动打赏，若觉得有收获还会在群里反馈，积极参与群里的活动，且持续为社群做贡献。

我想你一定有答案了。所以，你喜欢什么样的人，就去做什么样的人。

在一个社群里，本质上你就是客人，你既要托举群主，又要为群成员鼓掌，这样的人，无论走到哪里都很受欢迎。

什么样的分享
最能打动人

要做一个乐于分享的人。当你踩坑的时候，你的分享可以给人警醒。当你获得成功的时候，你的分享可以给人希望。

1. 和对方相关

你分享的内容一定要和听众有很强的相关性，这样他们才更愿意听你的分享。

2. 讲故事

讲故事可以更好地吸引大家的注意力。没有人喜欢听大道理，但几乎所有人都喜欢听故事。

3. 真情实感

真情实感的分享能够触动人心，更容易引起听众的共鸣。

比如，我在 2023 年 3 月的杭州线下闭门会上，讲了很多我之前创业的故事——当时我遇到了很多困难，在家里人都不支持，甚至强烈反对的情况下，我是如何解决这些问题的。这些真实的故事引起了现场很多人的共鸣，很多人甚至流下眼泪，他们觉得这样的故事非常有力量。

4. 有启发

早年我投资公寓，没赚到什么钱，这似乎是一个失败案例，但这件事却给了我很大的启发。于是我多次把这个案例分享出来，给更多人启发，帮大家成功避坑。因此，这个故事成了我极好的教学素材。

❂ 我的财富思考 ❂

出书的本质
是什么

11

> 出书的本质，就是运用时间杠杆，在一份时间内实现复利产出。

出书不是最终目的，作者与读者的关系，其实有点儿像商家与客户的关系。图书好比一封很长的销售信，作为作者，写书的最大效用之一，是向读者表明你的思想、分享你的观点、传递你的价值观，以及说明你的个人优势。通过一本书，读者能够知道你能否帮到他，也会借此更了解你，进而决定要不要靠近你、连接你。

正如你看到的这本书，是对我创业以来的经历和创富经验的汇集，它会产生很大的影响力。出书看似是作者一个人的事，但实际上，它可以让更多人参与进来实现共赢。当初我修改图书初稿时，我邀请了 10 个文字功底深厚的学员来线下，闭关三天三夜与我一起整理。前后修改了 12 次，通过内容打磨，他们对我的财富观有了更深的了解，纷纷表示图书出版之后会帮我进行传播。

出书不仅是为了分享知识，更是为了建立信任和连接。

12

如何让别人
主动为你转介绍

只要你在一个领域取得成果并坚持下去，别人就会认可
你，愿意为你转介绍。

有一次，我突然收到一条微信消息，是一个我并不熟悉的
微信好友发来的。他说他有一个朋友对财商很感兴趣，于
是他就想到了我，想把他的这个朋友推荐给我看是否能进
一步沟通。于是，我经由他的引荐，和他的朋友加了微信，
产生了连接。

一个和你并不熟悉的微信好友，都能帮你做转介绍。这是
基于什么呢？对此，我总结了三点。

第一，你在某个领域取得了成果。

第二，你坚持在做一件事。

第三，他知道你很靠谱。

这三点也是做个人品牌及提升个人影响力最重要的法门。

资本杠杆

对于企业或个人来说，在起步阶段，从无到有是怎么实现的？最关键的就是"借"。不借，不可能有。这就像借鸡生蛋一样，鸡是借来的，但蛋是自己的。所以，要学会利用资本杠杆实现目标。

资本杠杆，是通过借入资金来扩大规模、进行资产购置，从而实现以小搏大、加速发展和资产增值的一种策略。最典型的资本杠杆的运用就是买房。我们通常只需要支付房款 30% 的首付款就能拥有整套房子，剩下的 70% 则通过贷款来支付（每月按时还款）。这套房子是属于我们的资产，其所有权也归我们所有。而如果选择全款购房，那就是没有利用杠杆，还会占用大量的现金流。所以，在房地产市场中，许多人通过这种方式实现了资产增值。

不过大家要注意，贷款本质上是借来的，其并不真正属于你，所以带有一定的风险。因此，使用杠杆时要谨慎并量力而行。

什么是
资本杠杆

> 用好资本杠杆，你会收获事半功倍的结果。

金融领域的杠杆，不是物理工具，而是各种资源、资金和人才的合理配置，也就是我们常说的"融"。融的关键不仅是融资金，还是融资源、融人脉。

通过整合不同的资源和力量，可以实现更远大的目标。比如，一家公司通过融资获得资金，但这只是开始。在融资的过程中还会吸引到优秀人才和专业技术，这些都是广义上的杠杆。

所以，融是资本杠杆的一种具体运用形式，通过融资金、融资源、融人脉，我们能够撬动更多的机会，实现更远大的目标，这就是资本杠杆的真正力量。

赚钱是地板 幸福是天花板

如何实现
资产增值

02

> 稳定现金流、信用最大化、巧用杠杆、使用工具、优化配置，实现资产增值。

资产增值的五大定律是金融投资的核心，也是富人投资的准则。可以说，几乎每个富人在资产增值的过程中都遵循了这五个定律。用好这五个定律，你也会成为富人。

第一个，创造长期稳定的现金流。

第二个，实现信用最大化。

第三个，灵活使用资本杠杆。

第四个，学习使用投资工具。

第五个，做好投资组合及资产配置，降低风险，使资产增值的速度最大化。

在生活中，
资本杠杆有哪些

> 善用资本杠杆，如房产和股权，可以实现财富增值，但
> 需要提防风险。

在生活中，资本杠杆有很多。

第一个是房子。

在早期的房地产市场中，房子就是最大的杠杆。3成首付，
可以撬动7成的资金。你如果有房子，就可以去借款，投
资股票、珠宝、值钱的贵金属，这些都可以作为资本杠杆
去使用。

第二个是股权稀释。

比如，你可以参与一些公司的投资，在企业早期的天使轮
融资中占据一些股份,这样一来,当公司市值大规模提升时,
你的收益也将大大提升。

为什么投资人非常乐于做一级市场投资？原因就是他们可

以得到非常高的回报率,可能是十几倍、几十倍甚至上百倍。一旦找到好项目,就很赚钱。当然,这样的做法也有很大的风险。

第三个是信用卡和分期付款。

信用卡和分期付款是日常生活中常见的资本杠杆工具。通过信用卡消费,可以提前购买商品或服务,并在之后偿还这笔费用。利用这段时间差,可以在不影响现金流的情况下进行大额投资,以获得更高的收益。但如果使用不当,则可能导致高利息和债务问题,因此要谨慎使用。

❂ **我的财富思考** ❂

什么是
顶级富人思维

04

> 顶级富人思维在于"融"而非单打独斗，利用杠杆加速
> 财富积累。

普通人赚 100 万元比融资 100 万元要难很多，顶级富人思
维就是"融"，即利用杠杆。

这个世界上可能有三种人：

第一种人，靠自己的体力赚钱，可能一年赚 10 万元。

第二种人，靠自己的原始资金积累，攒了 100 万元，然后
找到年化收益率 10% 的投资渠道，20 年后会拥有 600 多
万元。

第三种人，自己什么都没有，但是借款 100 万元，然后找
到年化收益率 10% 的投资渠道，20 年后也有 200 多万元。

第三种人的思维就是顶级富人思维。因为你赚 100 万元的
速度，远远没有你融资 100 万元的速度快。人生的第一桶金，

越早积累越好！

我有一个朋友，他在疫情期间经朋友介绍接触到了呼吸机、额温枪行业的生意，但是手里没钱，于是卖了婚房凑够了本金，一年时间里营收额达上亿元。

金钱的流通可能是一次性的，但资源的流通可能是多次的，所以，"融"不仅仅是融资金，还包括融资源。

赚钱是地板 幸福是天花板

◙ **我的财富思考** ◙

如何盘活现金流　　05

> 盘活现金流，并不是手里有钱了才应该去做的，在没有多少钱的时候更应该去做。

1. 列出预算

列出一个详细的家庭预算，写明所有的收入和支出，确保收入大于支出。

2. 削减支出

审查家庭支出，找出可以削减或消除的不必要支出。例如，减少外出就餐的次数，节约用水用电，购买打折商品等。

3. 增加收入

寻找额外的收入来源，例如兼职工作、出租闲置房屋或车辆、开展副业等。这样可以增加家庭的总收入，改善现金流情况。

4. 设立紧急基金账户

设立一个紧急基金账户，用于应对突发事件或紧急情况。这样可以避免因意外支出而影响家庭的现金流。

5. 理性投资

如果家庭有一定的闲置资金，可以考虑进行理性投资，例如购买股票、基金或房地产等，但要注意风险管理。

6. 债务管理

如果家庭有债务，则要合理管理债务，确保按时还款，并尽量减少高利息债务。

7. 定期复查和调整

定期复查家庭的预算和财务状况，根据实际情况进行调整和优化，以确保家庭的现金流情况保持良好。

具体的盘活现金流的方法应根据个人家庭的实际情况和需求进行调整和执行。我很欣慰，我已经帮助很多家庭盘活了现金流，让他们越来越富有。

◎ 我的财富思考 ◎

如何越花越有，06
越花越赚

要想越花越有、越花越赚，学会投资很重要。当你清晰了解了投资的方法之后，你花的每一笔钱便有了规划，你的财富积累速度也会提升。

花钱能力也是投资能力，把钱花出去容易，难的是越花越有。你把钱花出去，是单纯地消费了，还是赚了更多钱回来，完全取决于你把钱花在了哪里，所以投资就是有意识地把钱花在回报率更高的人或事上。

1. 投资"人"

如果你遇到一个段位比你高且令你很认可的人，那么付费购买他最贵的产品便是靠近他的捷径，这是在投资"人"。如果你想要和一个人长期相处且共赢，那就在每次和他见面或参加他组织的活动时，为他准备一份礼物，礼物不需要多贵重，但需要很用心，这也是投资"人"。

如果你看好一个人，且他在经营一家有极强的盈利能力的企业，那么你可以选择为他的企业投资，赚一些分红。如果你有技术，有专业技能，那么你同样可以投资一家企业，换取股份，获得超预期回报。所以，投资"人"就是和对的人建立关系和连接且实现共赢，是把钱花在别人身上并获得回报。这需要有极强的个人判断力。

2. 投资自己

当你觉得自己的赚钱能力还需要提升的时候，你可以付费学习，加入高段位圈子，这是在投资自己。创业者为了保持身体健康，花时间养生、健身，这也是在投资自己。当你觉得某个行业有发展机会的时候，可以尝试投资一个项目，本质上也是对自己盈利能力的投资。这种创业投资，虽然风险大，但是回报率很高。

3. 投资金融产品

这种投资就是大多数人所理解的投资，比如投资房产、基金、股票、期货等，这需要你对金融产品的风险和回报率有所了解。每种单一的金融产品都有其优势和劣势，如果想要深入了解，则需要学习专业知识且保持耐心，切不可盲目入场。

为什么现金流
如此重要

07

现金流是衡量家庭财务状况是否健康的重要指标。

现金流是家庭财务管理的核心，但往往是大众很容易忽略的。

家庭的现金流是由什么决定的？是由成本决定的。成本决定了最终的利润，因此控制成本至关重要！如果你的收入渠道单一且不稳定，而支出渠道却多样且稳定，那么你就很容易在家庭财务中出现负债，甚至陷入恶性负债的境地。

一些家庭之所以一直没有充足的现金流，是因为他们总在为自己的欲望买单，习惯于超前消费。而那些真正自律且优秀的人，赚到钱后往往会选择延迟满足，控制开销，所以他们手里积攒了大量的现金流。这一方面能维持财务的稳定增长，另一方面能储备足够的资金应对各种不确定性。

要保有健康的现金流，不仅要增加收入来源，还要谨慎管理支出，避免因为冲动消费而陷入财务困境。

为什么说投资是
人生的最后一份事业

08

投资是实现财务自由和财富增值的重要路径。

人生的最后一份事业是投资，让钱生钱。退休后，我们的主动收入减少，但人的寿命还在延续，甚至越来越长。因此，想要拥有稳定的收入，让钱生钱可以说是一个非常好的方式。

但投资的世界里充满了不确定性，因为人和外部环境都是可变的，所以投资充满了未知的风险。不过即便这样，我们也不能因为有风险就恐惧，就放弃投资。这就像开车一样，我们不能因为开车有风险就不开车，而是要学习如何正确、安全地开车，或者选择有经验、懂驾驶的司机将我们送到目的地。

投资也是一样的，我们可以通过学习去降低投资的风险，也可以选择依靠那些有经验的专业投资人或机构来帮忙投资。不管选择哪种方法，都要学会调研分析，了解可能出现的各种风险，从不确定性中找到确定性，计算收益概率，再做出投资选择。

投资有风险，投前需谨慎。

在互联网中如何 09
实现财富倍增

> 刘润曾说过，如果你能帮助别人赚钱、省钱或省时间，
> 那么你一定能赚到钱，因为这促成了社会上大多数人想
> 要达成的结果。

为了实现财富倍增，我给出 3 个关键方法。

1. 具备赚钱的商业能力

这意味着你必须拥有能够为社会解决问题的专业能力和优
势壁垒。例如，我们的财商课通过分享实操经验，帮助他
人提升财商，从而实现盈利。经过多年的探索和经验总结，
我把这些成功路径教给他人，并从中获得收益。因此，财
商教育本身就是我的一种专业能力。

所以，拥有专业能力，或者掌握核心资源或技术，这些都
是实现盈利的关键。

2. 具备较强的表达能力

在信息透明度不断提高的今天，互联网时代的表达能力至

关重要。无论是通过直播、短视频还是其他形式进行分享，你都需要清晰、精准地传递你的想法和认知。较强的表达能力不仅能帮你提升影响力，还能加深他人对你的信任，从而为你创造赚钱的机会。

3. 具备销售能力

销售是最赚钱的能力，因为它能直接影响收入。无论你是自由职业者还是企业家，你都需要学会如何有效地销售自己的产品或服务。如果没有销售能力，那么你很可能无法将专业能力转化为实际收入，自然也难以实现财富倍增。

◙ **我的财富思考** ◙

为什么一定要学会营销

10

> **营销是庸人和富人之间的界限。如果你想成为富人，那么你就一定要学会营销。**

营销是把好的产品卖给有需求的人的活动，本质上是用来解决信息不对称问题的。比如，我研发并生产了一个产品，这个时候我需要进行营销推广，将这个产品广而告之，找到需要它的人，并完成交易。

而推销，是指用各种技巧和方法把产品卖给用户，这个产品不一定是用户喜欢或需要的。

大多数人对营销有偏见，但其实他们是不喜欢被推销。我有400多名高客单价学员，他们都是我不断通过朋友圈去传递"我能为大家解决问题"的理念后而获得的，所以他们都主动为我付费，且在跟我学习后几乎都实现了收入翻倍。

花钱的本质
是什么

11

赚钱是地板 幸福是天花板

> 花钱的本质有两个，一个是消费，另一个是投资。当你了解什么是消费，什么是投资之后，你会更容易把钱花在对的地方，并获得更高的收益。

我花钱有两个原则：

第一个，用一笔钱连接更多人。 我每花一笔钱，一定要知道这笔钱可以用来团结谁，能连接的人越多越好。

第二个，思考如何花最少的钱办最大的事。 这一点很重要。举个例子，假设我连接一个人的成本是 10 元，我要想连接 100 人就要花 1000 元，那我可不可以转化为送等值的 100 份东西出去呢？这样是不是可以给人带来更好、更温暖的体验呢？答案显而易见。

人力
杠杆

这个时代不是单打独斗的时代，而是与人共赢的时代。要吸引对的人，和对的人实现共赢。

什么是人力杠杆？举例说明，我们搭建团队实际上就是利用人力杠杆把自己解放出来，让更多人和我们一起做一件事，从而获得更大的成果。

如果我独自运营一家公司，那么我一年可能赚取几十万元、几百万元；而现在我有了团队，我可以让更多人帮我做事，这样一来，我们不仅能在更短的时间内实现目标，还能获得更高的收益。

我们身边的资源也是一种重要的人力杠杆，这些资源可以为我们提供更多的机会和可能性。

最长久的
财富之道是什么

01

> 所有的成功都是基于共赢的，这个世界是一个公平的世界，没有谁能独自称霸，也没有谁永远是最强的。我们都是相互支持、共同进步的。

我一直以来坚持的经营理念是：要把自己拥有的东西分给对的人。那么，如何决定分给谁呢？我认为应该优先考虑那些做出贡献的人，按照他们的贡献度来分配。

我从未过多考虑自己能赚多少钱，因为我深知"水能载舟，亦能覆舟"的道理。

社会是一个共赢的生态，只有当这个生态保持稳定时，整个社会体系才能稳固。所以，如果你能早点儿领悟这个道理，那么你就会明白该如何行事。这并不是什么大格局，而是财富累积的正道。

为什么说 02
人是最大的杠杆

人是最大的杠杆，因为人的能力和信用可以撬动无限的资源。

人就是最大的杠杆。比如和牛人连接，牛人为你背书，那么你做事可以获得事半功倍的效果。

我每年都会尽全力帮助我的老师打榜，也是希望自己能被更多人看见，得到牛人的认可。在几万人的圈子里，若打榜排在前几名，则证明自己有很大的影响力。

以人为杠杆，你可以连接牛人，牛人还可以给你帮助、建议、提醒等，这些都是人力杠杆，可以帮你节省很多时间，让你少走弯路。

如何用好
人力杠杆

03

遇到对的人，可能他的一句话，就能改变你的一生。

很多人问我为什么要把孩子从山西转到上海来上学，其实只因为我遇见了一个人。她是我交大的同学，有一次我俩一起吃饭，聊到了孩子的教育问题，她给了我很多信息，涉及择校、升学规划、落户买房等，她还建议我报考EMBA，让我扎根上海。

她说，以我的能力，将来一定是要在大城市发展的。因为她的一句话，我选择了城市迁移，全家定居上海。这个决定改变了我们整个家庭的发展方向。

认识一个对的人，会让你领略一个全新的世界，我的这个朋友，就是我能定居上海最重要的人力杠杆。

为什么要
组建团队

04

团队的力量，能让个人的时间更有价值。

大家所推崇的"一个人就是一家公司"，其实只是一个概念。
实际上，要想运营一家公司，一定要有人配合。

一个 IP 背后要有助理、剪辑人员、宣传人员、设计师等各
种各样的角色。创业早期，像学员招募、课程研发和设计、
运营、维护、财务审核这样的工作，都是我一个人干的。
但是后期，我还是组建了团队，目的是把自己解放出来，
通过买别人的时间突破个人营收的限制。

创业者如果能组建体系化的团队，那么其个人精力是可以
从细碎的工作中被解放出来的。

如何构建一个 高质量的人脉圈 05

成为有价值的人，吸引有价值的人脉。

构建和维护一个高质量的人脉圈，关键在于以下几点。

首先，你本人必须具备说服力，能够为圈子内的成员提供价值。这是建立影响力的基础，也是吸引他人加入的关键。

其次，人员筛选是极为重要的一环。选择对的人加入人脉圈，能够避免潜在的麻烦，并确保圈子的质量和氛围。

再次，你的赚钱方式应当确保对他人有益，避免让他们吃亏。这不仅是对你道德上的要求，还是长期维护人脉圈稳定和持续发展的必要条件。

最后，促进成员之间的互动和连接是构建高质量人脉圈的关键。比如在我的社群内，曾经有一位学员要参加 PK 赛活动，于是他给 5 个学员打电话寻求赞助，不到 1 小时，他就收到了近 5 万元的赞助费，这高的信用度极为难得。

所以，如果你渴望突破，那么就寻找并融入高质量的人脉圈吧。这很关键！

组建团队的
关键是什么

06

一个团队要想有凝聚力，一起打胜仗就是最好的团建。

在团队里，"人"是最重要的组成要素。在赤裸裸的利益和功过面前，能做到公平公正的人可能不多。做事情抢在前，争利益躲在后，重事实、不作假、不曲意逢迎的人，永远是团队里最稀缺的。遇到这样的人，一定要和他做朋友，做一辈子的朋友。如果能有三五个这样的朋友，那你在遇到困难时可能很容易获得真诚的建议和热忱的帮助。

组建团队时，一定要让这样的人成为团队核心。有了这样的团队核心，你不怕没投资，不怕没对策，不怕业绩起伏，要相信他们，事情一定能做成。

我就拥有一个很好的团队。2022 年跨年直播，那时大家还在线上办公，为了这场直播，团队成员从全国各地集结到线下，一天时间就搭建好了直播间并且备好了所有物料。在那场连续 8 小时的跨年直播中，每个人都分享了自己的故事，一起创造了高达 7 位数的营收业绩。

如何提升 团队行动力 07

选对人，树立标杆，激发全员动力。

1. 选对人

筛选那些愿意成长、愿付非凡代价的人，他自己本身的动力就很强。

2. 树立标杆，重点偏爱

贡献值越大的人，对他的偏爱越多。树立标杆，其他人参照标杆自然会更加积极。

3. 持续让自己变得更好

如果你一直在进步，那么别人看到你的状态后也会被"点燃"，工作更有动力。

如何更好地激励别人

08

赚钱、成长、荣誉，是激励人心的三大法宝。

如果你想激励别人，那么你首先要知道他想要什么。一般来说，以下三方面很重要。

第一，让他赚到钱。

第二，让他获得成长。

第三，让他获得更多荣誉。

在我们团队内部，每个月我都会给当月的业绩冠军准备盲盒礼物，每个人都想获得这个充满不确定性的惊喜。同时，我还会做一个冠军海报在社群和朋友圈发布，让他们被更多人看见。所以，团队里每个人的战斗力都是满满的。不仅如此，我还会经常带他们外出，与更高段位的老师交流，让他们有机会近距离接触牛人。

如何判断自己
在某个领域
是否有天赋

09

> 坚持做一件事，并从中找到乐趣，天赋或许会自然显露。

要想判断自己在某个领域是否有天赋，可以尝试做这个领域的事，并参考以下几点。

第一，只要是你想做的事，即使别人拦着你，不让你做，你都愿意坚持下去。

第二，你做事的时候很快乐，做完有满足感和成就感，自己的内心很愉悦。

第三，你做出来的成果有自己的风格，且别人愿意主动为之付费，你能获得价值感。

如果你在做一件事时能体会到这三点，那么你就可以在这个领域深耕，这也表示你在这个领域具有一定的天赋。

◙ 我的财富思考 ◙

赚钱是地板 幸福是天花板

时间
间
杠杆

时间杠杆，就是在相同的时间内通过有效规划和利用，做完更多的事，产生更高的收益并实现复利效应。

许多事需要提前规划，时间杠杆也常被我们称作"规划"。比如，我常讲的"养"和"用"这两个概念，其中"养"是需要时间的，更是需要提前规划的。

一天只有 24 小时，如果我们能够利用人力杠杆，通过购买他人的时间，成倍提升工作效率，那么我们就能完成更多的事。这与"穷人思维"不同，"穷人思维"往往认为所有事都要亲力亲为。

值得注意的是，很多事的成果是可以叠加和积累的。

什么是
时间复利

持续做有价值的事，时间会为你自动积累复利。

复利是一种时间杠杆，花一份时间获得多份产出，这叫复利。

比如，你花1小时做出某个产品，但这个产品可以销售3年、5年，每天都为你带来收益。那么，这就是在单位时间内多次产出，也就是我们俗称的"一本万利"的生意。

运用复利思维，做边际成本小的产品，利润很高。这样的生意，恰恰就利用了时间杠杆，让时间产生了复利效果。

怎样跟时间
做朋友

02

> 能做的事，不要等到"未来"才去做，应该"现在"就
> 去做。

跟时间做朋友，最核心的就是做好能持续积累价值的事，发挥时间杠杆的作用。跟时间做朋友，不要焦虑，也不要浪费光阴，要牢牢抓住核心。

永远不要做"推石头"的事，总是推倒重来，从零到一又到零。要做就做"滚雪球"的事，让雪球越滚越大，例如，持续向优秀的人学习、持续投资自己、持续升级自己的认知。

随着时间杠杆的长期作用，你积累的东西越多，你就能走得越远、越好。

如何利用
时间杠杆赚到
人生的第一桶金

03

> 坚持是最难的事，但却是利用时间杠杆实现财富积累最
> 有效的方式。

关于这个话题，我想先和大家分享我赚到人生第一桶金的
故事。

我的人生第一桶金是通过房地产投资（长租或增值）获得
的。2016年，因为孩子上学的问题，我们买了一套学区房
并将其租了出去。因为地段很好，5年之后房子已大幅增值。
当我卖出时，增值收入加上租金收入，相比于购入价，一
共增值了80%。

这是我赚到的人生第一桶金，而且我几乎没有花时间和精
力去经营。除了房地产投资，我认为在线课程制作对于我
来说也是利用时间杠杆获得收益的项目。

2018年，我开始接触知识付费，并录制了自己的线上课程。

前前后后最多花了一个月的时间，包括写课件、制作课程、上传视频等。这门课程后来给我带来了非常大的收入突破，单价 365 元的产品，一年内累计销售了 23000 多份。

上面我讲的两个例子，其中的收益都不是靠体力获得的，而是利用时间杠杆获得的。用好时间杠杆，可以花更少的时间，获取更高的收益。

❂ **我的财富思考** ❂

没有钱，
应该怎么突破

04

保持愿力，做好规划，注重积累，机会来的时候你才有可能抓得住。

很多人只看到我现在经常外出旅游，边玩边工作，过得很潇洒。但其实我也有过日夜颠倒为生活疲于奔命的时候。为了过上我想要的生活，我经历了很长一段时间的探索。下面和你分享我突破困境的心得。

1. 愿力强

愿力足够强，内心就像装了雷达一样，随时能够捕捉到机会。你想要过一种生活，就要保持内心非常想要的状态，而不是停留在嘴上说说的阶段。我当时想旅游，但没钱，于是就找所有可能的机会，错峰请假穷游，坐绿皮火车从山西到厦门。在一次次外出中，我给自己按下了"确认"键，我清楚地知道：我想要过可以由自己来做选择的生活。

2. 做规划

你要相信，世界上一定有人过着你想过的生活。旅游可以

跟着释予欣 家和财富兴

精心安排，财富可以用心测算，同样地，生活也是可以规划出来的。很多人不主动规划生活，却总幻想着天上掉馅饼，以为自己想要的生活可以从天而降。不要过于相信结果是自然产生的，你得主动做，才会有结果。

3. 多积累

很多人觉得自己困在当下的生活中，没时间、没金钱。那不如先练好基本功，多读书，多行动。在国企工作之余，我阅读了大量图书，这为我后来创业打下了非常好的基础。

"愿力"是心心念念；"规划"是积极主动；"积累"是从不空想，从当下开始。

◎ 我的财富思考 ◎

赚钱是地板 幸福是天花板

为什么要给 05
自己的时间定价

> 给时间定价，目的是让别人知道你的时间和注意力是稀缺且宝贵的资源，不应被随意占用。

为什么要给自己的时间定价？关于这个问题，我的看法如下。

第一，让自己得到更多的重视。前些年，我的单次咨询费用是 980 元，而现在是 10000 元。当你为你的时间定价时，使用你时间的人会更珍惜和你通话或见面的机会，你们交流的质量也会提高很多。

第二，有助于筛选人。对方是否对你的时间足够尊重，是可以通过定价来判断的。要筛选出那些认可你的人，并为其提供服务。

第三，更好地保护自己的精力。你可以在有限的时间里做更多自己想做的事，创造更大的价值。

第四，更好地量化自己的时间成本。你可以在同样的时间

跟着释予欣 家和财富兴

内做更有价值的事,不再浪费时间。

第五,充分利用时间杠杆。 你可以花钱买别人的时间,让自己从冗繁的工作中解脱出来,转而做自己更擅长的事。

你需要给自己的时间定价。时间定价并不一定是具体的金额,也可以是用于说明你的时间宝贵程度的描述。很多人没有时间定价的概念,所以他们不会意识到随意占用他人的时间是不礼貌的。

我们要做的是珍惜自己的时间,同时珍惜别人的时间。不轻易打扰别人,但这并不代表不沟通,有事时当然可以礼貌地与对方取得联系。

◎ **我的财富思考** ◎

赚钱是地板 幸福是天花板

如何利用
时间杠杆解放
自己的时间和精力

06

购买别人的时间，实现更大的自我价值。

要想让自己从冗繁的工作中得到解放，可以选择购买别人的时间，让别人帮助自己实现更大的价值。

首先，确定和识别对自己至关重要的事，判断哪些事是自己不擅长但别人能更高效完成的，将这些事委托出去。然后，根据需求和擅长维度找到适合的帮手，组建团队，让他们共同完成事务的不同部分，高效协作，持续优化。

利用好时间杠杆来解放自己的时间和精力，能让自己专注于更具挑战性的事务，有助于创造和实现更大的价值。

为什么要出书

07

> **书的本质是一封有点儿长的销售信，它的最大效用之一，是向读者表明作者的思想，读者通过这个窗口可以靠近作者、连接作者。**

我用"一份"时间写一本书，书出版后可以卖几万册、几十万册，那我就可以影响几万人、几十万人。

这件事本质上就是，花时间做了一件能产生复利的事，这件事甚至能产生"多米诺效应"，影响更多的人，创造更大的价值。

出书的意义，就是运用时间杠杆让一份时间产生复利效应。

如何做好
时间管理

08

时间管理的关键在于统筹安排和高效利用时间。

关于时间管理，我与大家分享几点心得。

第一，时间统筹。尽量在同一段时间内完成更多的事。可以通过"时间折叠"的方式，更高效地协调和处理多项任务。比如在做饭的时候，烧水、洗菜可以同时进行。

我喜欢把我的时间利用率最大化，以提高做事的效率。比如，我不喜欢开车，因为我觉得开车的那段时间我只能做这一件事（要确保行车安全），产出不够，很占用时间。

第二，列清单。明确每项任务的优先级和所需时间。我每天会把重要的事罗列出来，并且会在规定的时间内将其完成。管理好自己是做好时间管理的前提。

第三，保持好身体、好状态。一个人最核心的竞争力是身体好。身体不好，精神状态就会不好，自然也不可能有很好的工作状态。所以，要想提高时间利用率，首先要有一个好身体，让自己的状态始终保持良好。

第四，开拓副业。在主业收入的基础上，要争取让自己有副业收入。上班一天工作 8 小时，在这段时间内基本只能做一件事，也只有一份收入，即收入有天花板。要学会给自己开拓副业，获得被动收入，让钱生钱。

第五，购买别人的时间。在自己有限的时间里做最重要的事，见最重要的人。对于一些不那么重要的事，可以付费让别人完成。

第六，每日复盘。通过复盘，你可以知道自己在哪些方面的时间利用率更高，在哪些方面还不足，进而更好地做出调整和优化。

◎ 我的财富思考 ◎

赚钱是地板 幸福是天花板

如何 "一鱼多吃" 09
实现多方共赢

> 一鱼多吃，意味着资源利用最大化，让每一份投入都能衍生出多重价值与回报。

在 2023 年的 "1218 财富大会" 举办前，我发布了赞助人招募通知，没想到有 30 位学员自发成了大会赞助人。为了更好地感谢他们的支持，我在大会现场为每位赞助人送上了三亚游学名额。我是这么思考的。

第一，一起旅行。 很多人对于去三亚旅行都非常向往，如果还有机会和我的团队及其他志同道合的伙伴一起旅行，收获一定是巨大的。

第二，私塾闭门会招募。 2024 年我要开设私塾班，但我发现很多人对私塾班还不够了解，于是我主动释放信号，让更多对私塾班感兴趣的人来验货。

第三，让天使赞助人被看见并得到回流。 好的教学是身体力行的，我相信，只要舍得给、愿意给，自然会有更多人

跟着释予欣 家和财富兴

来支持我。让别人知道，越支持我，收获越大，这样才会形成良性循环。

第四，锻炼团队。 我团队的人会在一次次的活动中增长见识，提升能力，大家的协作会更加默契。一起打仗，就是最好的团建。要让跟着你的人有热情、有能量、有希望。

第五，实现品牌增值。 中大型活动是对品牌最好的传播和赋能，可以让更多人看见和了解我的个人品牌，提升品牌影响力。

做一件事，如果投资较少，但回报无限大，那就一定要去做。

◆ 我的财富思考 ◆

如何理解
长期主义

长期主义是一种为了长期目标或结果而做决定的实践。

有学员问我，她现在正在做一份自己很不喜欢的工作，要不要继续坚持？我说，如果不喜欢又不赚钱，那就可以换一个。她又问，她是一个长期主义者，就这样放弃是不是违背自己的原则？

借这个案例，我想分享一下我对于长期主义的理解。拉长时间线，在一生中，什么对自己来说是最重要的，这便是长期主义的方向。

第一，做日课，练好基本功。比如写作、演讲、健身，把基本功练扎实了，任何时候，你的手里都有筹码。

第二，做长期主义的事业往往基于三点——愿不愿意做、赚不赚钱、有没有成长的机会。按照重要程度来说，首先是自己得愿意做，然后是能让自己成长，最后才要关注赚不赚钱。

第三，思考随着时代的发展，你应该具备哪些软实力，比如是否应该提升经营关系的能力。

长期主义不是停留在一件事上的，让自己不断保持迭代升级的状态，才是践行长期主义。

◎ **我的财富思考** ◎

普通人如何实现 11
快速成长

> **踏踏实实做好每一件小事，就是快速成长最好的方式。**

我将普通人的成长分为以下几个阶段。

第一阶段：每天用 1 小时做个人梳理——现在的个人情况如何？面临什么问题？被哪些人和事牵扯精力？改变的方法是什么？请将这些问题的答案一一罗列出来。

第二阶段：每天用 2 小时琢磨你要向哪个职业或行业迈进。哪怕你的文化水平不行，哪怕你没有什么工作经验也没关系，互联网上也有很多价格不高但价值很大的学习内容。

第三阶段：每天用 3 小时学习和整理笔记，厘清你想从事什么行业，它的理念和逻辑是什么。要将这些问题想明白，尽最大的努力把你所学到的精髓变成生产力。

第四阶段：每天用 1 小时触发灵感，多琢磨别人是怎么做的，他们为什么这么做，将自己的理解记录下来。

第五阶段：每天用 1 小时搜集问题、信息、资料，将别人对你提出的要求都记下来，然后利用所学的知识调整你的学习计划。当你接触到 30 个以上的用户时，行业里的一些基本需求你就烂熟于心了。

这五个阶段是实现快速成长的必经阶段。相信我，每天只需要 8 小时，坚持两个月，你一定能获得比以前更好的生活，并实现自己的价值。

赚钱是地板 幸福是天花板

❂ **我的财富思考** ❂

第三篇

配置思维

不断配置和优化你的人生

配置无处不在，万事万物都需要配置。

夫妻之间的和谐互补，团队之间的高效协作，都属于配置。

配置，本质上就是将不同的元素组合起来以达到最优状态的过程。在这个过程中，我们不再单打独斗，而是学会了如何整合身边的资源，借助各种工具将整体的力量发挥到极致。这不仅是一种技能，还是一种智慧，是个人能力的体现。

想象一下，如果我们只依赖个人的力量，那么能做的事必然有限。而当我们拥有了配置思维后，我们就能像魔法师一样，将各种资源和工具巧妙地组合在一起，创造出令人惊叹的成果。

在我看来，人生中有三种配置尤为关键：婚姻配置、资产配置和贵人配置。它们如同人生的三大支柱，支撑着我们走向成功和幸福。

婚姻配置

配偶是离自己最近的人，他的支持与否，决定了你的成功与否。

一个成功的人，其背后大多有另一半的默默支持——"夫妻同心，其利断金"，配偶可以给我们很多助力。

很多人的思维是，一个女性的事业成功似乎必然伴随着家庭的遗憾。其实不是这样的。

从我开始创业直到今天，我的另一半始终极力支持我，让我能够很好地平衡家庭和事业。我既不是"工作狂"，也不是女强人，我追求美好的生活。我的目标是完成对子女的教育，让他们的未来变得更好。同时，我也希望影响更多人，让他们变得富有、喜悦，过上令自己满意的生活。

如何理解人生中　01
最重要的三种配置

> **配置，** 本质上就是将不同的元素组合起来以达到最优状
> 态的过程。

人生最重要的三种配置：婚姻配置、资产配置、贵人配置。
自我创业以来，这三种配置是让我获得快速成长的关键。

婚姻：你的另一半既是离你最近的人，又是你的风水，好
的另一半可以让你成为更好的自己。

资产：花钱这件事将伴随你一生，但前提是你要有钱，人
赚钱靠时间，资产增值靠复利，给自己配置足够的金融资产，
几乎可以让你一生无忧。

贵人：贵人大多是你人生道路上的老师或挚友，是能给你
带来巨大影响的人。

谁是我们一生中最重要的人

02

赚钱是地板 幸福是天花板

> **人生最幸福的状态是什么？也许就是，家里有支持你的另一半，事业上有支持你的合伙人。**

一个人一生中最重要的人有两个，一个是配偶，一个是事业合伙人。他们几乎是人生道路上与你同行最久的人。

你和配偶为什么可以同行很久？也许是因为家庭责任和孩子的牵绊，但更多的是你们有相匹配的价值观和共同的目标。你们能一起处理事务，并肩解决问题。

你和事业合伙人为什么可以同行很久？因为你们要共同经营一份事业，彼此间不仅有共同的利益，还有共同达成某一巨大目标的决心。

在婚姻配置中
为什么要保持
夫妻同频

为什么这里要把婚姻配置放在第一位？

因为另一半和你相处最久，他的行为会影响你的习惯，也会影响你的人生梦想。在这一点上，几乎没有性别差异。

创业一路走来，我得到了来自先生的全力支持。中国有句古语：夫妻同心，其利断金。这足以说明，夫妻同频会让家庭更和谐、更幸福。

2021年，我的一个学员因为想给孩子在天津买学区房但遇到一些困难，于是来找我咨询。那时她已经在北京有了3套房子，既没有了购房资格，手里又没什么钱。一对一咨询之后，我给了她三个方案，但是这三个方案都遭到了她爱人的反对。后来，我让他们一起来参加线下的家庭资产配置课，学完之后，两人达成共识，实现夫妻同频。我在现场给了他们优化方案，回去之后，他们逐一落实，仅用了一年半时间就在天津买到了心仪的学区房。

因为这次学习，他们无论是在家庭财务重大决策上，还是在个人学习成长上，都能更加支持、理解对方，家庭关系也因此而更加和谐。

如果夫妻可以共同学习家庭财务管理，对家庭财务管理有一致的目标，并且能为目标制订周全且可实施的计划，那么他们便会统一战线，在面临家庭重大决定时以统一的想法、统一的价值观来做出决定。可见，夫妻双方保持同频，是显著提升家庭幸福指数的法宝。

◙ 我的财富思考 ◙

赚钱是地板 幸福是天花板

夫妻共同财产
怎么管理最好

04

> 支持与合作是管理夫妻共同财产的核心选择，也是家庭幸福的核心。

一般来说，夫妻共同财产的管理方式有三种。

第一种：一主一辅。一方负责管理大额支出，比如房贷、车贷、孩子教育支出等；另一方负责管理小额消费，比如水电燃气费、餐费、购买日用品花费等。同时，双方建立一个共同的家庭账户，按照收入比例定期往里面存款。一主一辅，既能体现双方的平等独立、互相信任、彼此支持，又是婚姻状态稳定的一个写照。

第二种：完全依赖。一方全职管理家庭，另一方全身心打拼事业，赚钱的一方每个月为家庭开支预留固定的数额，让全职负责家庭事务的一方进行管理。完全依赖的管理方式建立在夫妻双方对彼此价值的认同上，即肯定对方的付出，对对方足够信任和认同，这有利于增进婚姻幸福感，维护家庭稳定性。

第三种：各司其职。就是我们常说的"AA 制"。你赚你花，我赚我花，互不干涉。虽然双方财务独立，但在家庭重大开支上还是可以互相商量的，以确保家庭正常运转。这种管理方式越来越常见，既让夫妻双方保持了经济独立和自主，又让婚姻关系更加轻松和自由。

通过以上介绍，我们可以看到，每一种夫妻共同财产管理方式都有其独特的优势和适用场景。其实，选择哪种方式并不重要，重要的是夫妻双方要互相理解、信任和支持，共同为家庭的幸福而努力。

◎ 我的财富思考 ◎

如何更好地发挥 女性在婚姻配置 中的作用

女性在婚姻中持续成长，是家庭持续获益的源泉。

在婚姻配置中，女性的作用很重要。

人生幸福是大多数人的追求，而婚姻配置是实现人生幸福最重要的因素之一。女性在婚姻关系中承担着非常重要的纽带作用，连接着长辈、平辈和晚辈，正所谓"一个好女人旺三代"。女性在婚姻中持续成长，能让整个家庭，甚至整个家族持续获益、共同成长。

因此，在婚姻配置中，让女性持续成长既是一种很重要的投资，又是发挥女性重要作用的前提。

06

为什么家庭支持系统如此重要

家人不仅能给你支持，还能给你滋养。特别是当你想做一番事业时，家人的支持尤为重要。

一般人之间，距离越近越容易产生矛盾，不少人和家人的关系甚至走向了对立。这是非常不明智的。在我的创业路上，家人一直是我坚实的后盾。我非常重视经营自己和另一半及父母的关系，因此，我做什么他们都支持我。在外出学习时，我会把家里放心地交给他们。

如果你身边的人都不支持你，那想要做点儿事就太难了。相反地，如果你的家庭关系很好，家庭成员都非常支持你的决定，那你就会非常喜悦，以一种自信饱满的状态去面对工作和生活中的未知挑战，自然也就更容易获得成功。

如何通过
改善家庭关系
来提升幸福感

07

家庭关系和谐与否，会直接影响个人的财富能量和幸福感。

首先，从改变自己开始，通过改变自己来影响和改变家庭，让家庭关系变得越来越和谐。

当我决定创业时，意味着我必须辞去国企的工作。对此，家人特别反对，家庭矛盾也随之产生。但通过自己不断地学习，我意识到，身边的人才是最重要的资产，所以我开始调整自己，主动关注和关心家人。因为家人很看重成果，所以在创业的过程中，我努力取得成果。随着取得的成果越来越多，家人也逐渐越来越理解我当初的决定，并全力支持我的事业。就这样，我的家庭关系越来越好。

其次，信任是家庭和睦、幸福的基石，增进信任，我们能够更好地与家人合作,清晰地规划家庭财务,实现财富增值。

最后,保持童心和善良,这不仅能够让我们在家庭中收获幸福,还能够让我们在投资和生活中保持冷静和理性,做出明智的决策。

让自己变得更好,是提高情商、财商和生活幸福感的关键。如果你想让家人成为你的助力,而不是阻力,那你就要学着让全家人抱团,找到你们共同的愿景、信念、目标和方向,比如让家庭的物质生活更加丰富。

◎ 我的财富思考 ◎

如何用投资思维 培养孩子　08

培养孩子的社会价值，是对未来最好的投资。

要把孩子当作标的去投资。

父母作为投资人来投资孩子，最重要的考虑是：如何让投资的这个标的——孩子，实现增值？要想让孩子成为"优质资产"，前提是要让他具有生产力。那怎么才可以让孩子具有生产力呢？从未来他要成为一个社会人的角度来讲，首要任务是让他成为一个有社会责任感，并且富有善意、具备赚钱能力的人，然后让他逐渐成为一个能推动社会进步的人。

我就是从这个角度去培养自己的两个孩子的，点点滴滴的正反馈正在逐步验证：这应该是一笔非常不错的投资。

什么是
真正的孝顺

09

真正的孝顺是让父母可以做自己。

在中国，许多老一辈的父母都非常辛苦，年轻时努力赚钱照顾孩子，年老时帮忙照顾孙子。他们很少有机会思考自己想要什么、自己的梦想是什么，所以很难真正地活出自己，享受绽放的人生状态。

为什么父母会这么操心，总想给孩子支持呢？那是因为他们的孩子没办法真正独立。

所以，真正的孝顺，其实是让父母放心，让他们不必再为自己操心，给足他们安全感并让他们能够做自己，追逐自己想要的生活。

如何平衡
家庭和事业

10

在我看来，家庭和事业之间没有真正的平衡，每个人的一天都只有 24 小时，所谓的平衡是因为你有强大的支持系统。

作为创业者，我经常从互相理解的角度来看待家庭关系。

赚得多只是得益于个人工作性质，并不代表我比别人强。我常常肯定我爱人的价值。

有人说生女儿的家庭是因为爸爸聪明，我认同这一点。我一直认为我爱人是我们家最聪明的人，所以经常赞美他的智慧。我们家庭的幸福很大程度上取决于他的贡献，他稳定了家庭的根基。

每个人在家庭中的角色不同，且每个角色都有自己的价值。不同角色的家庭分工不同，但目标是一致的。不能以收入的多少来衡量不同角色对家庭的贡献价值。这就像社会中的各行各业都有其不可或缺的价值一样。

所以，哪里有什么平衡呢？无论你在外工作时表现得多么强势，回到家里，你就是家庭中的一员，需要承担属于你的责任，同时享受来自家庭的温暖。

如果你的家庭成员能予以理解，那这便是你的支持系统，也是你能在事业和家庭两方面均做得好的根本保障。

⊗ **我的财富思考** ⊗

资产
配置

房产是资产，但资产并不只有房产，大多数有价值的东西都可以称为资产。比如，信用是资产，大脑是资产，甚至人也是资产……

我常常说，我的学员是我最大的资产，我会花很多时间陪伴学员，为他们实现极致交付，学员也非常喜欢我，愿意一直跟随我学习。

一定要多去积累自己的资产，多去购买有价值的东西，把钱花在可以给你带来价值的东西上面，这样做以后，你会有意想不到的收获。

什么是资产 01

资产不仅限于实物，无形的社交资本同样是资产，并且能带来持续收益。

资产是指能够为我们持续带来正向现金流的资源，它可以是有形的，也可以是无形的。有形资产包括房地产、设备、投资组合等，无形资产则涵盖知识产权、品牌价值和社交资本等。

在互联网时代，社交资本变得尤为重要，因为它可以通过社会影响力和网络效应为我们带来收益。比如，一个能够持续变现的 IP 账号，以及一个在社交媒体上拥有大量粉丝的个人或企业账号，都可以被视为资产。

这几年，用微信朋友圈做营销的人，很大一部分都赚了大钱，我也赶上了这波热潮。在近 7 年的创业过程中，我靠着一部手机、一个微信号赚了上千万元。这个微信号是不是优质资产？必然是！再到视频号刚刚兴起的时候，我又成了最早被邀请开通视频号的人。所以说，资产的积累是有规律的，哪怕是我们手机里的社交 App，都潜藏着新的财富机会。

为什么要做
资产配置

02

> 通过资产配置来实现财富增值，是超越通过重复劳动获得收益的最佳路径之一。

你只有不断买入有价资产，才能实现财富的增值和跃迁，这一点，光靠工作是不能实现的。

工作的本质是，你的时间被别人买断，你的重复劳动仅能产生有限的价值。但资产是可以溢价、可以增值的。

所以要选择好的标的资产，不断让自己从资产增值中获得收益。资产配置的过程就是不断做选择的过程，目的是为自己配置不同的资产。

资产配置的
关键是什么

明确投资目标、做好风险管理、考虑对冲性、定期调整，
确保资产在不同的市场环境下都能稳健增值。

对于资产配置，你应该有明确的理解。

第一，明确投资目标。根据你的投资目标，制订适合自己
的投资计划。比如给家庭制订一个五年计划，根据计划调
整投资目标。

第二，做好风险管理。通过高、中、低不同风险等级的金
融产品合理配置资产，比如，股票、基金、保险就是三种
风险等级不同的金融产品，可以根据自己的投资风险偏好
来选择所要购买的产品，确保资产的安全性得到保障。

第三，考虑对冲性。在你所拥有的资产中，有的在增值，
有的可能在贬值，但如果配置得当，那么你的整体收益是
不受影响的，这就叫对冲。在投资房地产时，要时常考虑
资产的对冲性。

任何阶段的金融市场上都会涌现出一些具有对冲性的资产，你一定要合理配置高、中、低风险的资产，让资产保持流通，从而利用资产的对冲性让自己的整体收益不受影响。

第四，定期调整。资产配置不是一次性的行为，而是一个长期的、动态的行为。市场情况、个人财务状况和投资目标等因素的变化都可能影响资产配置的合理性，因此，定期调整是资产配置的关键。

从 2018 年起，我就开始有意识地进行家庭资产配置，虽然经历了疫情和经济下行，但依然实现了整体资产的保值和增值。

◎ 我的财富思考 ◎

为什么越早做
资产配置越好

04

> 不是在有了资产后才开始做资产配置，而是应该始终保持配置思维，预先进行资产配置。

资产配置最大的作用就是规避投资理财中的风险，获得尽可能高的收益。曾经，我以为资产配置是有钱人才需要做的事，直到 2018 年开始学习家庭资产配置课程，我才意识到自己的认知是错误的。虽然那个时候我没有什么资产，但因为有了资产配置意识，做了资产配置规划，践行了预先进行资产配置的理念，所以我仅用 7 年时间就实现了管理资产过亿。

建一栋高楼大厦，要先在图纸上设计和规划，在确定整体架构后才能一步步建成。资产配置也一样，要先有规划，然后按照规划去实行。财富就是这样规划出来的。

金融投资里
最难的是什么

05

存钱是理财的第一步，控制开支才能积累资本。存钱不是为了节俭，而是为了在未来有更多的选择权。

投资很难，不是因为投资有多么复杂，而是因为投资要求投资人必须有足够的耐心。保持足够的耐心才是最难的事。要想投资理财，应该怎么办？

第一步，存钱。 你得先学会存钱，然后才能理财。存钱就是把开支压缩到收入之下，同时避免冲动消费，不与他人攀比。

第二步，多元化投资。 你可以选择不同类型的股票，也可以持有债券、基金、黄金、房产等。

第三步，不要贪婪，持续定投。 定投指数基金有助于在时间上做好投资管理，不要把所有投资都集中在某一个时间点上。

第四步，持续学习。 市场是有周期的，持续学习，让自己对市场保持觉察，这样可以帮你做出更优的选择，降低投资风险。

普通家庭如何 06
做好资产管理

> 家庭资产管理是一个长期且动态的过程。要想拥有健康的资产状况，你要保有耐心，还要进行合理的规划。

对于普通家庭来说，做好资产管理可以参考以下几点。

1. 设定明确的财务目标

请设定明确的财务目标，知道自己的钱要花在哪里，无论是买房、买车，还是用于子女教育。这有助于制订合理的财务管理计划。

2. 列出预算并控制开支

列出详细的预算，明确你的收入和支出。找到一些省钱的方法，确保你的支出不超过收入，例如减少不必要的开支、购买优惠商品等。

3. 消除高息债务

优先偿还高息债务，例如信用卡债务。通过积极还款减少债务和利息支出，降低负债率，同时改善个人信用。

4. 设立紧急备用金账户

为自己设立一个紧急备用金账户，以应对突发事件和意外支出。一般建议将三到六个月的生活费作为紧急备用金。

5. 合理投资

根据自己的财务目标和风险承受能力，选择合理的投资方式。比如组合多种投资产品，做好家庭资产配置，分散风险并增加收益。

6. 定期评估和调整

定期评估你的财务状况和资产配置情况，并根据需要进行调整。随着市场和个人生活状况的变化，你可能需要修改原有的资产配置方案。

7. 寻求专业帮助

如有必要，可以咨询专业的财富管理顾问，特别是在复杂的财务问题或重大决策上，他们可以为你提供个性化的建议和解决方案。

赚钱是地板 幸福是天花板

拥有多少钱才能 07
进行资产配置

> **每个人都应该进行资产配置，这和你拥有多少钱没有直接关系。**

资产配置不只是有钱人才能做的事。要搞清楚逻辑，不是有钱了才需要进行资产配置，而是做了资产配置才会有钱。

不同投资产品的风险和收益不同，如果做好资产配置，那么当你的被动收入大于支出的时候，你就可以实现财富自由，同时规避风险。

有的人觉得，必须有几百万元、上千万元才可以做资产配置，其实不然。资产体量大适用大的配置方案，小适用小的配置方案。你只需要根据自身的财务状况、风险偏好及对金融投资的认知情况，选择适合自己的投资标的，让现有的资产持续增值即可。

创业过程中，
什么最重要

08

> **创业成功的关键，在于合作共赢。**

创业就是创人生。

首先要有真本事，能成事，然后要学会合作共赢。尤其是当你想要创业的时候，你一定要学会与人沟通和打交道，要与人协作，与人搞好关系。这是非常重要的。

为什么刘备能有那么多将才，就是因为他既有真本事，又善于发现人、使用人，能协调好自己与他人的关系，对外震慑四方，对内乐善好施。

创业，其实就是和一群人共同去做成一件事的过程。

如何通过副业
增加收入

09

副业不仅是增加收入的方式，还是提升技能和丰富经验的途径。它能帮助你探索新的兴趣爱好，并有可能转化为你未来的主要职业。

8 小时以内求生存，8 小时以外求发展。想要让自己的收入增加，8 小时工作以外可以做些什么呢？

第一，做和主业内容一样的副业。 比如，在完成自己本职工作的基础上，可以额外接一些订单，也就是所谓的"私活儿"，拓宽一下渠道，增加一些收入。

第二，做和主业内容不一样的副业。 如果你的主业不是特别占用时间，那么你可以增加其他领域的副业，比如做微商、自己做课程、打造个人 IP，甚至送外卖、当滴滴司机等。

第三，增加管道收入。 你可以组建团队，买别人的时间，让别人去帮你赚钱，而你可以做更多事，利用时间杠杆产生复利效果。

第四，增加投资型收入。把钱投给别人，通过他的时间、经验和资源为自己创造收益。

只盯着主业收入风险太大，一旦主业出现问题，就会让自己陷入完全没有收入的境地。要学会开创副业，增加收入渠道，分散风险。

◙ **我的财富思考** ◙

如何找到
适合自己的
商业模式

> 最佳商业模式并不是策划出来的，而是在解决别人的问
> 题时，自然而然形成的。

很多人好奇我的商业模式，问我是怎么做的。创业多年，我只能说，很多事没有办法提前计划，我的商业模式是在思考我能帮哪些人解决问题、能帮助他们解决什么问题的过程中形成的。回过头来看，我的商业模式形成的过程经历了三个阶段。

第一个阶段：带大家赚钱。我走上创业之路，是因为我向往自由、喜欢旅行、想找到志同道合的人跟我一起玩儿，但我发现很多人苦于没钱、没时间而无法过自由的生活，所以我就想帮大家建立财富管道。

第二个阶段：带大家提升认知。不少学员虽然赚到了被动收入，但因为没有提升自己的认知，所以又把钱亏了回去。

赚钱是地板 幸福是天花板

我带着大家学习，能教他们如何管理财富、经营关系，帮助他们提升认知，获得生活幸福感。

第三个阶段：带大家提升商业能力。一些学员家庭和谐了，钱包变鼓了，于是便希望能够实现自我价值，找到自己的事业。对于这样的诉求，我会结合自己的创业经历和经验，带着他们一起寻找商机，增加他们的主动收入。

◎ 我的财富思考 ◎

财富管理的
本质是什么

11

> **财富管理的本质在于通过有效的资源配置，实现财富的最大化。**

关于财富管理，我总结了以下几大要点。

第一，财富管理的核心是风险管理，包括对风险的识别、评估、预防等，最终目标是获得个人和家庭的幸福。

第二，财富管理的首要目标是保证家庭现金流在各个阶段都是充足的。

第三，财富管理的首要因素是时间管理，因为时间为未来创造了可能性和不确定性。要尽早做财富规划，利用时间杠杆创造财富。

第四，财富管理的最终诉求是获得幸福，包括婚姻幸福等。

第五，财富管理中最重要的资产是健康的身体，它是创造、拥有和享受财富的主体，也是自我价值实现的主体，做好身体健康管理，便是在做好财富管理。

为什么一定要
重视风险管理

12

> 风险管理就是提前看到可能出错的地方，并提前做好准备，这样才不会在遇到问题时措手不及。真正的风险管理不是逃避风险，而是学会在风险中找寻机会，通过合理的规划来减少损失。

在财务管理上，一定要多储蓄并控制支出，合理进行投资规划，时刻保有风险意识。生活中可能会发生各种意外，产生额外支出，因此一定要储备足够的现金流以应对风险。

在健康管理上，尽量坚持运动，合理饮食，保持好的心态和健康的生活习惯。拥有一个好身体，你的能量和气场自然也会很强。做好健康管理，可以充分应对重大疾病等风险。

在事业经营上，要让自己持续成长，与时俱进，这是对事业进行的最重要的风险管理。

没有人的人生是一帆风顺的，但如果你有风险管理的意识，那么你至少可以提前做好预案，尽量让损失最小化。

贵人
配置

贵人，能在思想、资源、信息等方面为你提供方向和指导。他们可能来自盟友圈、同学圈，这些人是可以与你交换信息、实现共赢的人。

贵人配置在师生关系中最常见，"师教徒三年，徒教师三年"的理念得以体现，学生与老师之间的关系是相互促进的。一个好的学生能够激发老师的潜能，而一个优秀的老师则能给学生带来智慧。

2022年，我找到了自己的人生目标——成为一名老师。因为做老师可以促使我不断进步和成长，我也可以将自己学到的知识传授给学生，实现知识和智慧的杠杆效应。通过我的传递，学生可以以最低的成本获得最多的信息和资源，拥有顶级的智慧。而这些，就是老师的价值所在。

谁是你的贵人　　01

你身边的人就是你的贵人，他们决定了你能走多远、飞多高，他们是你最好的风水。

如果你身边的人越来越优秀，那么你的风水就会越来越好。自打开始创业，我身边的人就和过去不是同一批了，他们谈论的都是学习、成长、赚钱，我在他们的带动下也开始思考如何获得自身成长和财富增值。当你身处一个积极向上的圈子时，你就很难回到充斥着家长里短的环境中了。

越是那些优秀的人，越重视选择自己身边的人，因为他们深知身边的人很可能是自己的贵人。所以，你也要主动找到自己的贵人，并努力成为别人的贵人。找到自己的贵人，你可以获得一年顶十年的进步；成为别人的贵人，你可以获得强大的社会支持系统。向上看，贵人能成为你的大脑；向下看，你将拥有强有力的后盾。

如果你觉得自己缺少引路人，那就给自己配置老师，主动寻找贵人。如果你有自己的使命，想带领更多人做成一件事，那就给自己配置支持系统，成为别人的贵人。

如何识别一个人 02
是不是自己的贵人

找到自己的贵人，成为别人的贵人。

你的身边有很多人，但并非每个人都是你的贵人。那该如何识别一个人是不是自己的贵人呢？可以参考以下三点。

第一，靠近对方，不是看他说了什么，而是看他做了什么，通过他的行动判断他是否能够为你解决问题。如果他可以，那他就是你的贵人。

第二，当涉及金钱利益的时候，观察他的态度如何。通过金钱可以见人性，如果一个人平常和你非常好，但在出现利益冲突时就翻脸不认人，那他一定不值得你长期跟随。识别贵人，最重要的是认清一个人，深度考察他的为人。

第三，看他能否给你提供一些你不知道的信息，并让你发生改变、获得进步、提升能量。我人生中很重要的一个贵人是一位 50 多岁的退休姐姐，在我们聊天的过程中，她无意向我介绍了财商课，这些信息对我而言是完全新鲜的。于是我听取她的建议参加了财商课，并因此改变了人生轨迹。

赚钱是地板 幸福是天花板

如何认识和
连接牛人

03

再厉害的人也有难事，他们需要你时，请第一时间出现。

1. 诚意等于成本

如果我遇见特别想要与之深度连接的牛人，我会直接给他付最贵的学费，或者购买我能买得起的产品。

2. 出人、出钱、出力

再牛的人也有需要支持的时候，当对方需要的时候，你一定要出现。

3. 寻找共同话题

提前做一些功课，了解牛人的喜好，向他请教他擅长领域的问题，长此以往，你会发现你们之间有很多话题可以聊，你们的关系自然也就近了。

向上社交的核心是什么

04

> 社交的核心是看见他人，看见他人的需求，满足他人的需求，与他人共赢。

在向上社交中，理解并满足他人的需求是至关重要的。你需要思考对方需要什么，如果你无法识别对方的需求，你就无法与他们建立密切的联系。相反地，如果你能识别并满足他们的需求，那么你就能更紧密地与他们合作。

社交的最佳方式不是在"我不擅长"或"我不知道怎么办"时向他人寻求帮助，而是积极关注"我想与谁建立联系""他们有什么需求""我能为他们做些什么"，即使是为别人提供情绪上的支持，也是有价值的。而其中的关键就是：你是否真正关注过别人。

我的老师剽悍一只猫每年发售专栏，我都会全力支持。2024年5月，那时我人在西班牙，但我依旧尽全力支持老师的专栏发售，5天时间，我成功卖出721单，获得了他亲自颁发的"卖霸传奇"锦旗。

如何向上社交 05

> 只有走出去，在路上，你才有可能遇到不同的人，获得
> 向上社交的机会。
> 付费是向上社交的一个捷径。如果你能向牛人展示你的
> 实力，那么他可能会更愿意与你相处。

1. 走出去

很多人习惯坐在家里空想，却不付出行动。我有一个学员
曾和我同吃同住 4 天，我们一起游云南，深度交流。因为
她愿意从家里走出来，又主动发私信问我行程，积极释放
信号，所以她才有了这次和我深度连接的机会。

2. 主动付费

想去靠近谁，就为谁付费。越厉害的人往往越重视自己的
精力分配，他们只会把时间用在对自己来说重要的人或者
为自己付费最多的人身上。你想认识谁，千万不要幻想可
以靠打感情牌来实现，也不要既想向人家请教问题，又不
想为人家的专业性付费。如果经济条件允许，建议你直接
购买对方最贵的产品。为牛人付费，你将获得与他连接的

机会，他也会因为你的认可而为你提供很多指导和资源。

3. 展示实力

你有自己的价值，便能形成价值交换。最好的商业关系之一，是你为他人付费后与之产生了连接，并逐渐形成长久稳定的关系。如果你有实力，一定不要羞于展示，即便对方是更出色的人。因此，要早早开始拓宽眼界，积累知识，提升表达能力，这样你才能在机会来临时抓住它。

◎ 我的财富思考 ◎

赚钱是地板 幸福是天花板

如何为自己
选择老师

06

> 一个好的老师，一定能活出美好的生命状态，让人忍不住想要靠近他，成为像他一样的人。

在为自己选择老师时，可以参考以下维度。

第一，选择在某个领域内具有专业性的老师。比如你要学习理财，那么你就要找到专业的理财师，听取他们的专业指导和意见。

第二，选择具有成长性的老师。一位具有成长性的老师会不断激励你进步；相反地，如果你的老师始终停滞不前，那他很难帮你突破瓶颈。

第三，选择生命状态积极健康的老师。一个好的老师，一定能活出美好的生命状态。相反地，如果一个人消极对待生活，过着混乱的日子，那他如何带领别人健康积极地生活？自然是不可能的。

第四，选择价值观正确的老师。选老师的时候，一定要选那种具有正确价值观的老师。有一些老师会对社会上的很多事情有自己的评判，这些评判不见得客观，且可能会对你造成影响。相反，如果一个老师具有正确的价值观，那么他会倾向于引导你客观地看待这个世界，不会常常对事物怀有偏见。这样的老师往往不以盈利为目的，而是追求通过教学影响更多学生，让他们变得更好。这样的老师才值得跟随。

赚钱是地板 幸福是天花板

❂ 我的财富思考 ❂

如何通过换圈子
实现人生逆袭 07

> 想要实现人生逆袭，就要敢于走出舒适区，结识更高层
> 次的人。

想要跨越圈层实现人生逆袭，你需要先改变你的社交圈子，走出去，认识更多的人，寻找更多的机会。

以我自己为例，我曾在四线城市的国企工作 12 年，日复一日，生活非常稳定，直到因为给孩子购买学区房而负债，我才有了危机感。但身处四线城市，信息闭塞、资源有限，该如何突破圈层，实现收入倍增呢？于是，我开始抽时间外出学习，不断付费给高层次的老师，拓宽自己的眼界，还认识了很多高层次的同学和朋友。

基于此，我的圈子发生了翻天覆地的变化。在外出学习的过程中，一个上海的同学建议我定居上海，还帮我介绍了很多资源，经常带我认识牛人，给我提供了很多机会。在朋友的帮助下，我仅用了 1 年时间，就把孩子转入了上海的学校，实现了全家定居上海的目标。

在大城市打拼多年，我们全家的生活质量都得到了提升，我的眼界也得以拓宽。我经常会感谢当初给予我重要参考意见的贵人，是他们的提携与帮助让我有了如今的生活。

普通人想要跨越圈层，最重要的就是改变环境，走出去，多学习。

赚钱是地板 幸福是天花板

❂ 我的财富思考 ❂

为什么要
不断 "破圈"

08

> 加入不同的圈子，你会有更多的机会获得资源，并在一些关键时刻得到他人的帮助，从而提高成事的可能性。

相比于圈子里的牛人所创造的财富，"圈子"本身才是最有价值的。

你有没有发现，现在很多人都在卖"圈子型"产品，而不是单纯地卖课程。互联网时代不缺干货、不缺知识，真正缺的是人脉和资源。

之前我带着我们私塾的学员拜访了一位身价百亿的牛人，短短两小时的交谈，学员们表示他们收获了巨大的价值。

所以，你要让自己拥有不断迭代圈层的能力，而付费加入高质量的圈子是实现这一目标的捷径之一。

如何经营好
自己的圈子

09

大家都想加入好的圈子、贵人多的圈子，但有的人其实是在"混"圈子，就是混个脸熟，而有的人是在"经营"圈子。经营圈子的人往往会在圈子里收获很多机会和贵人的指点。

如何有效地经营圈子呢？

第一，重视信用。 信用是一个人最大的资产。你想在圈子里生存、发展，你就要做到说话靠谱、做事靠谱、为人靠谱。没有信用，你很难和圈子里的贵人深度连接。

第二，学会借力。 要学会用好圈子里的人脉和资源，它是你最好的杠杆。比如，可以运用影响力杠杆、时间杠杆、人力杠杆去撬动更多的可能性。

第三，重视贵人配置。 圈子里的人，各行各业的都有，大家互相支持，友好赋能。你在这里可以不断优化自己的朋友圈、贵人圈、盟友圈。

如何优化
自己的人脉圈

付费是优化人脉圈的捷径。

有句话说，你身边六个人的平均收入就是你的平均收入。人和人之间的小群体决定了你处在一个什么样的水平。要想让自己变得更好，就要不断进入更好的圈子。

那么，该如何优化自己的人脉圈呢？

第一，远离消耗你的人。在认识优秀的人之前，先离开消耗你的人。

第二，处理好自己和家人的关系。优化自己的圈子，要从身边做起。你不可能换掉自己的家人，既然如此，那就和家人保持良好的关系，让他们成为你支持系统的一部分。

第三，主动融入。要想变得优秀，就要多和优秀的人待在一起。如果你想靠近一个优秀的人，那么你要主动出击，向他表达诚意。多去思考你可以为他做些什么，主动去做，让他感受到你的诚意，进而接纳你进入他的圈子。

第四，付费学习。这些年，我不断靠付费学习在不同的平台和圈子里深度连接牛人，尽量为他们做些力所能及的事，久而久之，就会有很多盟友在我需要帮助的关键时刻给我巨大的支持。

赚钱是地板 幸福是天花板

◎ **我的财富思考** ◎

除了换圈子、遇贵人，还能做什么 11

> 我在与人结缘的时候更希望共赢，爽快为其付费是一个很好的与人结缘的途径。

1. 进行深度连接

我喜欢深度连接，不喜欢泛泛之交。人的一生不需要认识太多人，我只想跟一些对的人长久相伴，一起走得更远。我坚信，真正能陪伴我很久的人，一定是足够了解我且信任我的人，我对他们也是一样的。我一直在经营深度关系，在这种关系的加持下，大家是共赢的。

2. 爽快付费，实现共赢

我不是主动社交的人，也并不擅长社交。所以如果我愿意为一个人付费，那一定是因为我足够信任他，且愿意对他表示最大的诚意。有的人看上去很有诚意，可一到付费的时候他就退缩了。我恰恰相反，当我信任的人需要我的支持时，我一定在，我会将他推荐给有需要的人，自己也会对他给予付费支持，这样他也会对我心存感激并表示认可。

如何让自己
拥有好运气

12

赚钱是地板 幸福是天花板

> **真心的付出会换来认可与机会，好运也会随之而来。**

想要靠近牛人，除了可以购买他最贵的产品，还有一种方式，就是多帮他做事。在做事的过程中如果有什么收获，一定要及时反馈给他，这会让你更容易与他接近。我有一个学员，她的主业是财务工作，在业余时间，她跟着我们团队学习视频剪辑，于是就一直帮我们做视频剪辑的事。时间久了，我发现这个人特别靠谱，学习能力强，做事踏实，还特别肯付出。于是在我对外招聘财务人员的时候，她就第一时间写了2000字的申请书，表现出强烈的应聘意愿，想加入我的团队。我面试她的时候，她表示一定要抓住这个机会，即便家在外地且还有两个孩子需要照顾，她也可以克服困难。她的愿力极强，并且提前做好了家人的工作，得到了家人的支持。目前，她已经来到上海半个月，很适应工作环境，进步神速，团队的人也都很喜欢她。

诚意等于成本，成本等于重视。付费、付出时间成本、付出劳动成本都能表达诚意。她以她的诚意表示对我的重视，我自然会为她提供更好的机会，让她获得快速成长。

第四篇

流通思维

流通产生价值

财富的底层逻辑是什么？简而言之，就是流通。流通才能产生价值。

一切东西都得流通才能产生价值。可以说，若没有流通，那么任何东西都没有价值，金钱也不例外。比如，我花费 30 万元获得了知识，如果我能将这些知识内化并运用到实践中变现，那么这些知识就产生了价值。这是因为，知识在市场上流通了。

一切事物都是在流通中产生巨大价值的。在本篇中，我们将探讨知识流通、人情流通和资产流通，看看它们是如何产生价值的。

知识流通

学知识是为了什么？很多人会说，学知识是为了赚钱。这么说也没错，但学知识主要是为了提升认知，进而在面临困境时做出正确的选择。

当大量信息涌来时，你要能够分辨出最有价值的信息，以及对你最有利的信息。而这种信息辨别能力，一般是通过学知识获得的。

学到知识以后，如果我们没有及时将知识分享、传播出去，也没有将知识运用到日常生活中，那么这些知识就无法转化为实际的财富，因为它们没有流通。

每个时代的红利，都是财富再分配的结果。在如今这个时代，财富不再是对勤劳的补偿，而是对认知的奖赏。

如何快速
提升认知

> **提升认知的本质是持续学习，拓展思维边界。**

1. 多看书

看书是获取信息的方式，也是打破认知的渠道。

2. 多听课

在听课的过程中，老师的某句话可能会影响你，他亲历的某个事件可能会对你有所启发，进而提升你对某些领域的认知。

3. 与高人对谈

与比你认知更高的人交流，他的观点会带给你非常多的思考与启发，让你的认知得到提升。你可能会"脑洞大开"，有天灵盖被打开的感觉。

4. 指导别人

你要多去帮助别人解决问题，这个过程对你来说其实就是一次成长、一次迭代。当你指导别人的时候，如果你能回答别人提出的问题，那么你的知识掌握是扎实的；如果你不能回答别人提出的问题，那么你是有知识盲区的，这可以让你更好地审视自己，进而再次学习，持续进步。

赚钱是地板 幸福是天花板

❂ 我的财富思考 ❂

如何
高效读书

02

> 多数人读书效率极低，可能是因为他们在一个字一个字地读，而没有带着问题和目的去读。

第一，**拿到书，先看序言**。序言是作者对整本书的概括，通过序言，你将对图书梗概做到心中有数，后续阅读正文时效率会更高。有的人往往只读序言，就已经学到了很多。

第二，**看目录，罗列问题**。你最想通过这本书解决什么问题？仔细查看图书目录，根据内容提示罗列你的问题。

第三，**带着问题去对应篇幅找答案**。带着问题读书是最高效的，因为你对答案的渴求程度是极高的。当你能通过阅读书中的内容找到困惑你许久的问题的答案时，你将获得成就感，并且将答案内化为你自己的认知。

如何
高效用书

03

> 高效用书，关键在于能清晰推荐、即刻行动，并传播有价值的内容。

读书是获取知识非常好的途径，那该如何将获取的知识用起来呢？要想高效用书，请思考以下问题。

第一，如果要给别人推荐这本书，应该怎么说？

第二，读完这本书后，可以在哪些方面立马行动起来？

第三，这本书中有哪些金句可以成为向外传播的素材？

读完一本书后，如果你能将以上三个问题想清楚，那么你一定可以将书中的知识很好地运用起来，为自己赋能。

如何提出
高质量的问题

04

> **高质量的问题，能够促进我们对知识的深入领会和快速应用。**

要想提出高质量的问题，这里给大家三条参考建议。

第一，给对方正反馈。提出问题前先肯定对方的能力和功劳，这样你会有更多提问机会。

第二，选择合适的提问方式。在一对一交流或现场交付的场景下，应采取咨询式提问方式。而在公开场合或大型发布会等场景下，应采取采访式提问方式，这样可以让现场观众更好地了解被采访者，实现多方共赢。

第三，递进提问。提问从 Why（为什么）、What（是什么）、How（怎么做）三个方面入手，逐层递进，这有助于让你全方位了解一个人或一件事。

什么是
顶级学习方法

05

> 掌握顶级学习方法，知识可以迅速转换为解决问题的能力。

顶级学习方法就是学以致用。

学：跟相关领域的高段位老师学习，不仅要看他怎么说，还要看他怎么做。

用：将学到的东西，应用在真实的生活场景中。

很多人习得知识后不知道怎么用，其实是因为找不到应用场景。如果没有应用场景，那么学到的东西就没了用武之地。我一直非常注意这一点，并且尽力为我的学员提供各种"用武之地"，让他们实战。当做了大量实战训练后，他们的能力自然而然得到了提高。

学习，不仅要学，还要学以致用，在真实的应用场景里验证学到的东西。有些时候你甚至不需要先学，直接在应用场景里感受，自然而然就学会了。

如何提升
深度思考的能力

06

拥有深度思考能力的前提，其实是拥有敏锐的洞察力，以及发散思维。

首先要让自己有洞察力，观察身边的一切人、事、物。然后要培养自己的发散思维，能够针对一个话题、一种现象进行联想和发散。

我是常年保持备课式生活状态的人。在生活中，我处处留心观察，希望能够将观察所得用在教学上。一旦有输出的途径，我便会思考如何把观察所得转化成生产力。我也会不断培养发散思维，在知识迁移上下功夫。比如，我会通过去看各个明星的演唱会来研究如何打造个人品牌、如何进行商业设计。

所以，要想提升深度思考的能力，得先从提升洞察力和发散思维开始。

如何拓宽
自己的眼界

07

一定要拓宽眼界，在变化中抓住财富增长的先机。

关于拓宽眼界，我给大家三点建议。

第一，多读书。因为书中总会有一些金句让你倍受启发，或者让你可以直接用在实际生活中。

第二，走出去。最近我去了几个国家，也学到了很多知识。每到一个国家，我都能了解一些当地的社会现象和风土人情，并且形成新的认知。这些认知在日后自然可以用到我的教学中。

第三，见高人。我有一个朋友，身价百亿，每次和他聊天，我都能有新的认知。多与高人连接，你的眼界能够不断被拓宽。

在互联网上赚钱 需要哪些基本功

08

练好基本功，夯实基础，是应对未来不确定性的关键。

1. 拥有好身体

坚持运动健身，让运动健身成为你的必修课。这样一来，你可以拥有好身体，保持精力旺盛，时常感觉充满能量。如果身体不好，时常感觉精力不足，那么无论是拼事业，还是体验生活，你都会力不从心。

2. 会写作

每天写一篇文章，提高自己的写作能力。为什么要提高写作能力？因为你的观点要通过文字来传达，在互联网上得到网友的认可，往往是因为能够输出令人信服的观点。无论是写评论、写文章，还是发布短视频，都对写作能力提出了很高的要求。

3. 会表达

好的表达能力会让你在人群中脱颖而出，更容易被看见、

跟着释予欣 家和财富兴

被关注，进而获得更多机会。尤其是在互联网上，直播是目前非常火爆的变现方式，如果你有超强表达能力的加持，那么你将比别人更容易抓住这个机会。

4. 会营销

能把自己的产品销售出去，这是一项非常了不起的生存技能。尤其是在互联网上，如果你能隔着屏幕让消费者为你的产品买单，那么你一定会成为一个赚钱高手。因此，一定要学会营销，并且大量练习。

❂ 我的财富思考 ❂

赚钱是地板 幸福是天花板

为什么要
学会提问题

09

> 一个善于提问题的人，可以更好地与人连接，拥有更多
> 信息和机会。

如果你想和高人连接，那么最好的方式就是向他提问题，问他的成功经验是什么，或者他擅长领域的专业问题，他会更乐意与你交流，你们会越走越近，关系也越来越好。

如果你真的渴望成长，那么会提问、善提问就是最好的方式。提问题能够帮你不断解决困惑，让你快速进步。

如果你担心自己未来会被人工智能取代，那你更要学会提问题，把 ChatGPT 当工具来用，而不是把它当成竞争对手。

什么时候是 10
做事的最好时机

当下就是做事的最好时机，想到什么，就立刻去做。

当你想要做一件事的时候，你应该立刻去做。当你认为自己未来还有机会去做的时候，大概率就没有机会了。就像人们常说的那句话：有些东西，错过了就是错过了。

有一次，我在上课的时候想起一位朋友，于是在下课后第一时间给她发了信息，她收到信息后非常喜悦，还给我寄了一份礼物，这让我们之间的连接更深了。还有一次，我看到一条视频后想起一位朋友，我觉得这条视频一定对他有帮助，于是转发给他，他看完后非常有收获并且专门向我表达了正反馈。所以，想到什么就立刻去做吧，不要给自己留遗憾。

当然，你一定会遇到因为手头有事而无法立刻行动的情况，这时该如何选择呢？我的建议是，不要纠结当时你想要做什么，而是要认真评估哪件事更重要。去做当时对你来说更重要的事就对了。

想过好这一生，必须学好哪些知识   11

> 要想弄清楚这个问题，需要用终局思维去对待当下的学习。

如今这个互联网时代，是一个知识爆炸的时代，我们可以轻松学到各种各样的知识。但是成年人的时间和精力是有限的，我们要对知识进行甄别，学习那些对自己有益的知识。

1. 与财富相关的知识

经济基础决定上层建筑。财富是我们每个人都绕不开的话题。我会经常带着我的学员阅读财富类的书，学习营销知识、复利思维，让他们学会思考，实践创富。如果你能掌握足够的财富知识，并且将其用在理财实践中，那么你绝对不愁赚不到钱。

2. 与自我认知相关的知识

一个人的幸福背后离不开物质的支持，更离不开和谐关系的支持。而要想和别人保持和谐的关系，最重要的是了解自己、接纳自己，让自己在人际关系中感到自洽。我很早就非常重视对自我的认识，也会带着我的学员去学习关于自我认知的知识。

3. 与健康养生相关的知识

健康养生是人生的刚需，一个人身体健康、精力旺盛，那他就有了先天的强大竞争力。

我会花更高的成本去和更高段位的老师学习，主要围绕上述三个方面让自己不断精进，也会将个人所学分享给我的学员，帮助他们解决人生中最常见的问题。

赚钱是地板 幸福是天花板

◎ 我的财富思考 ◎

逆天改命的机会 12
你抓住了几个

> 人的一生中有很多逆天改命的机会，只要能抓住一个，
> 你就赚大了。

第一，出身。有的人一出生就在罗马，而有的人一生的目标是到达罗马。好的出身是一次重大机会，如果你很幸运，出身很好，那你一定要抓住这个机会。

第二，就读的学校。你在什么学校读书，会对你的未来际遇产生影响。如果有机会、有能力读更好的学校，你将更有可能获得一些宝贵的机会。

第三，求学路上的老师。一个好的老师会影响学生的一生，在你人生感到迷茫的时候，他会给你很多宝贵的意见，就像开车有导航就不怕迷失方向一样，老师的建议可以让你少走弯路。

第四，婚姻。婚姻是可以改变一个人的命运的。有的人出身很好，却因为失败的婚姻陷入无尽深渊；而有的人虽出

身一般，却能因为觅得良缘而让自己的幸福感倍增。所以，婚姻在一定程度上也是一次改命的机会。

第五，职业。在职场中，对你影响最大的人也是可以帮你实现"逆天改命"的。比如，有些人给领导当司机、当助理，他们可能就会获得更多资源。久而久之，跟着千万赚百万，跟着百万赚十万。

第六，创业合伙人。如果选择创业，那么合伙人很重要。要谨慎选择合伙人，选合伙人犹如选择伴侣。人在一生中的大部分时间里，要么待在家里，要么是在工作。在家里，你有好的另一半支持你，在工作中，你有好的合伙人支持你，那么你成事的概率将大幅提升。所以，一个好的合伙人可以让你的事业越来越好。

❂ **我的财富思考** ❂

赚钱是地板 幸福是天花板

为什么
越是处于困境中
越要花钱去学习

13

> 如果你此刻正处于困境中，那一定是你过去的想法和行为导致的。所以，要想避免让自己继续处于困境中，一定要从此刻开始改变想法。

思路决定出路。我曾经为了给孩子买学区房，让整个家庭深陷债务危机，生活乱成一团。但也恰恰是在那时，我辞掉了国企的"铁饭碗"工作，转换了思路。

正常来说，一个人如果有负债，那他肯定要极力保住工作，让自己有稳定的收入。但我为什么要在负债累累的时候辞职呢？因为我认识到，别人买房是资产升值，而我买房却让全家负债累累，本质上是我的认知和思路错了。所以我开始外出学习，希望摆脱之前的"穷人思维"，转换思路。我认为，只有这样我才有可能找到出路。事实证明，当我转变思路后，我找到了突出重围的路径。越是在困境中，越要走出去学习，不要吝啬为学习付费。与其焦虑，不如给自己一个突破的机会。

什么样的内容最吸引人

14

不要讲你想讲的，而要讲用户想听的。

好的内容，最重要的一点就是，它与你的目标用户强相关。

如果你发现你讲得滔滔不绝，但是听你讲的人越来越少，那么你就可以判断：你讲的内容与对方相关性较弱，他们并不感兴趣。

每次我在线上教学时，在线率都很高，结束后学员也不愿离开。之所以能做到这一点，是因为我讲的每个问题都是和我的学员深度相关的，他们会觉得有收获。

如果你输出的内容与你的目标用户强相关，那么，这就是好内容。

人情
流通

人情是需要往来的，有来有往，礼尚往来，这是人情流通的一种形式。

如果你只享受别人对你的好，而不给予回应，或者说，你只一味地为别人付出，但得不到任何回馈，那你与别人的关系都不会长久。

人情是怎么积累起来的？就是人们互相连接，一来二去，让点滴情感流通，而后逐渐形成的。人情流通后，人们的关系会越来越近，进而实现共赢。比如，你可能为他人提供工作机会，而他人会给你介绍资源、介绍用户。

如何
团结盟友

01

想要构建自己的支持系统，一定要好好团结盟友。盟友就是在关键时刻总能站出来力挺你的人。

2023 年 9 月，我接到一个电话，是一个北京的盟友打过来的，她要在上海举办一场大会，希望得到我的支持，我毫不犹豫地答应了。这场大会对她来说非常重要，当我得知她需要天使赞助人的时候，我便主动出钱做了大会赞助人；她说这次大会的目标参会人数是 300 人，但当时离目标还差一些，于是我就在社群内帮她做了推荐，并且邀请了 30 多人到现场支持。

为了表达对我的感谢，我的盟友在会议现场专门给我送上了锦旗，也让我被现场更多的人看见，大大提升了我的个人影响力。多团结盟友，在他需要的时候支持他，你将更容易和他走得更近、关系更好。

如何让别人
对你印象深刻

02

> 如果想让别人快速记住你并对你印象深刻，一定要做别
> 出心裁的事。

我有一个跟随我学习 4 年的学生，每次线下见我，他一定
会给我带礼物，而且每个礼物都别出心裁。

记得有一次，他送给我一幅我的肖像画，是用 1469 个我的
名字组成的，代表了他跟我学习的天数是 1469 天。

这么有创意的礼物，一下子就震惊了全场，我深受震撼，
大为感动，而他也因为这件事获得了在场所有人的好评。

只要你做的事别出心裁，你就能脱颖而出，让别人对你印
象深刻。

情商高的人
如何积累人脉

03

在人际交往中，"背后夸人"是一种情商高的体现。

情商高的人不仅经常当面赞赏他人，还很擅长在他人看不到的地方为其传播好口碑。

"背后夸人"能够增强人与人之间的信任和情感联系。人际关系如同一张巨大的网，如果被夸的人从别处知道自己被你称赞，那他一定会对你好感倍增。

当然，背后夸人是需要一定社交技巧的，不要谈论别人的私事，也不要太刻意。背后夸人不仅是一种有效的社交技巧，还是一个能够让人际关系更加紧密的诀窍。如果你能够驾驭这种社交方式，那么不妨试一试，为自己积累人脉。

如何与他人共赢 04

> **很多时候，如果你希望与他人共赢，那不如多多向对方释放善意。**

在商业合作中，释放善意能促进双方共赢。这里和大家分享一次我的亲身经历。

2024 年 4 月，我在三亚举办线下游学活动，住在一个明星同款的网红五星级酒店。每次上课时，酒店经理都会在电梯口等我，把我送到会场。下课后，他会在会场外等我，陪我回到酒店，或者将我送到下一个活动场地。其实，他没有必要全程陪伴，所以他的这份极致用心和善意，让我觉得非常暖心。活动结束后，我给他个人和酒店都送了锦旗、鲜花，表达我的感谢。

我后续每次去三亚，也都选择了那家酒店，我也会极力将那家酒店推荐给有需要的人。当然，酒店的服务人员对于我后续的活动均给予了更多支持。我和酒店方彼此释放善意，并因此实现了共赢。

如何激发
一个人的善意

05

如果一个人能够接收到被滋养的能量，那他自然就会释放向善的力量。

有很多学员跟我说，自己在参加了我的读书会后发生了巨大的改变，我想是因为我用善意激发了他们的善意，让他们在一个温暖的场域里，更愿意打开自己、释放自己。

那么，该如何激发一个人的善意呢？

第一，让每个人都被看见。

第二，让每个人都感受到被重视。

第三，没有评判，只有鼓励，让每个人都感觉到安全。

之前我在一个规模不大的街边饭店和学员们一起吃饭，但我们几乎感受到了五星级酒店的服务。每一个工作人员都身着制服，化着精致的妆容，工作时戴着白手套，不断关注我们每个人的需求，时不时地为我们加水，将很多细节

跟着释予欣 家和财富兴

做得特别到位。于是，准备离开的时候，我将学员们带给我的鲜花送给了饭店老板和三个工作人员，并给了他们正反馈，以表达我们对他们服务的感谢和满意。也许是被我们的行为激发了善意，老板当即对我表示，工作人员听到我们的谈话，都说收获巨大，给出了正反馈。她还安排工作人员给我们每个人都送上了一份店里大厨亲自做的辣酱。

有时候，一些简单的善良举动，会带来意想不到的缘分。就像前面说的一样，释放善意，你可以与他人实现共赢。

❂ **我的财富思考** ❂

如何谈钱 不伤感情   06

> **人和人之间最好的关系就是发生金钱关系。通过钱，你能知道谁想团结你，靠近你。**

有句话叫"丑话说在前面"。你会发现，很多人际关系一开始都不谈钱，但最后都因为钱不欢而散。其实，先谈钱，把利益和风险前置，解决好钱的问题，后面往往就没有其他问题了。

但很多人觉得谈钱伤感情，那如何谈钱才能不伤感情呢？我觉得最好的方式就是保持真诚。

比如你需要他人支持的时候，你可以直接告诉他："我需要你的金钱支持"，并且把对方能够从中获得的回报阐述清楚。如果他愿意支持你，那你以后就可以多给对方回流。如果他不愿意支持你，那你也不要难过，将这件事当成一次盟友筛选即可。

2023 年 12 月 18 日，我举办了自己的年度财富大会。当时需要招募赞助人，于是我就在社群里发了一则招募信息。让我感到很意外的是，20个赞助席位被一抢而空，最后的结果更是大大超出预期，共有30多人成为大会的赞助人。

为了感谢这些赞助人，我给他们每人都赠送了一次三亚游学之旅作为回馈。所以，当你有需求时，主动释放信号是很重要的。敢要能给，大方谈钱，反而有助于增进感情。

赚钱是地板 幸福是天花板

❂ 我的财富思考 ❂

如何维护好
高端用户

> **做好交付，让高端用户放心；创造机会，让高端用户倾心。**

要想维护好高端用户，首先要做好交付，其次要创造机会，比如组建圈子让大家多连接。越是高端用户，越在意圈子。他们很在意圈子里有谁，可以与谁连接，可以获得什么样的资源或机会。所以，想要维护好高端用户，就要学会组建圈子。

你可以尝试将你的高端用户拉进你的贵人圈子，让他能够通过你的关系与更多牛人连接。这样一来，他自然会很认可你，跟你的关系也会更近。同样地，这样的高端用户也会非常受到其他人的欢迎。

怕欠人情，不敢求助怎么办

08

不要害怕欠人情，人情是流通的，这次他帮你，下次你可以帮他。

很多人总是只知道给，不知道要，不会表达需求。

举个例子，我女儿要到上海上学时，恰逢我参加了上海交大的同学聚会。班长让每个人介绍一下自己，表达自己目前的需求。我说，我的女儿要上学，不知道同学们有没有资源，我需要帮助。后来还真有个同学联系我。尽管我最终没有用到她的资源，但我依然非常感谢她的帮助，并在后来过年的时候给她发了一个红包表达感谢。

一定要主动表达。比如，我主动表达需求，也主动表达诚意。帮我做读书会转介绍的人，帮我做金主赞助的人，都收到了我送的礼物。

学会要和学会给，一样重要！而且，要的前提是给得起。

如何用一份礼物 09
让别人记住你

> **礼物要有心意，让对方感受到你的重视。**

送礼物是拉近彼此之间关系的好方法，也能让对方知道你很在意和重视他。

最近我收到了很多礼物，但是有一些我压根儿不知道是谁送的。这么一来，这些礼物似乎就失去了意义，对方给我送礼物的行为也仿佛失去了意义。

当你送礼物给别人时，无论贵重与否，那都是你的一份心意，这份心意一定要让别人知道。你可以这么做。

第一，送礼物前发信息给对方，告诉他自己要送他礼物，请他注意查收。最好在礼物中放一张卡片，写上祝福语，说明选择这份礼物的原因，这能体现你的用心。

第二，不提前告知对方你的计划，确认对方收到礼物后再向他"揭秘"，给他惊喜。这样的收礼经历一定会让他印象深刻，也会加深他对你的好感。

第三，如果礼物是网上购买的，则可以让商家备注"××赠送"，或让商家代替你附上卡片，写上祝福语并署名。

无论选择哪种形式，切记，送礼物一定要让对方知道，既要让他知道是你送的，又要让他知道你为什么选择这个礼物。既然花钱、花心思了，那么就要让礼物的价值最大化，不要做"无名英雄"。送礼物代表了你对对方的重视，要让他感受到来自你的重视，这可以拉近你们之间的关系。

最后，提醒大家一点，送礼物的时机也很关键，比如生日、乔迁、新年……在对的时机送礼物，也可以加深对方对你的印象，让你的人际关系变得更好。

◎ 我的财富思考 ◎

如何让别人 更愿意靠近你 10

吸引更多对的人，增加合作的机会，实现共赢。

要想让别人有意愿靠近你，你可以试试以下方法。

1. 主动付费

主动给别人付费（比如购买他的产品）以示诚意，这是最好的与人连接的方式。

2. 给予正反馈

即使自己已经付费，也要给帮助自己的人提供正反馈，认可对方的付出。切记，但凡开口，必讲好话。

3. 赠送礼物

赠送礼物能表达重视，对方会因为感受到你的重视而愿意与你连接。比如我在每次线下活动后都会给酒店经理送上鲜花和锦旗，并在自己的圈子中赞美对方。

4. 激发别人的善意

释放善意可以实现共赢，要想激发他人的善意，你需要先表达你的善意。不要把所有人对你的好都当成理所应当的。

5. 拥有共赢心态

在任何合作关系中，都应该保持共赢的心态。

如果你能做到以上几点，那么一定会有人主动靠近你，愿意与你连接。

❂ 我的财富思考 ❂

如何在
别人的主场
当好客人

11

> 在别人的主场，要当好绿叶，衬托红花，有主次分明的意识。

当你受邀来到他人的主场时，你要做好本分，当一个好观众、好客人。

第一，没有舞台的时候，不抱怨，认真为别人鼓掌；有舞台的时候，不扭捏，大大方方，好好表现。

第二，有主客场意识。在自己的主场，要当好主人翁。在别人的主场，千万不要喧宾夺主。比如，在我每次举办线下会议的时候，我的私塾学员们都会隐身幕后，甘当志愿者，全力托举我。但当我需要他们上台展示自己时，他们都会全力以赴，尽情绽放。

◎ 我的财富思考 ◎

赚钱是地板 幸福是天花板

资产
流通

资产流通，简单来说就是资产在不同人之间转移的过程。比如，你将自己的房子卖给了别人，这个过程就是资产流通。在这个过程中，资产的所有权或使用权会发生转移，同时会有相应的货币或价值交换。

万事万物，其价值核心都在于流通，资产也不例外，这是事物的底层规律。如果你手握一项资产，但它无法流通，那么从某种意义上来说，你就是亏损的，资产砸在了你手里，无法发挥其应有的价值。

资产流通在市场经济中扮演着非常重要的角色。它能够让资源得到更好的利用，也能提高经济增长效率。所以，让资产在市场上流通，创造更多的财富吧！

为什么说 01
人是最重要的资产

物以稀为贵，在未来的社会中，人将成为最重要的资产。

2024 年母亲节，我发了一条朋友圈，表达了一个观点：生孩子，其中一个很重要的好处，就是有人可以给你过母亲节。

发这条朋友圈背后的思考是：现在许多年轻人不愿意生孩子，一方面是因为物质生活的丰富让大家有了余力去追求精神世界的自由和独立，不愿再承担更多责任；另一方面是因为他们认为孩子是自己的负担，会牵绊自己，阻碍自己进步，让自己的生活变得"一地鸡毛"，甚至把很多对未来的恐惧归咎在"生孩子"这件事上。

其实，无论是商品还是人口，都遵循市场的供需规律。人口多的时候，我们还能享受人口的红利；可人口增长一旦变缓，"人"就会变得越来越值钱，即"物以稀为贵"。

家里有孩子，意味着家里有人气，人气会带来财气，因为人是最重要的资产，而孩子是属于你的最重要的资产。

如何突破赚钱卡点

02

赚钱是地板 幸福是天花板

买卖之间，实现的是双方利益的最大化。

花钱和赚钱的本质，其实就是交换。用钱来购买所需的商品或服务，同时出售自己的商品或服务来获得金钱。

在交换的过程中，双方保持一种合作与信任的关系，旨在实现双方利益最大化，即实现共赢，促进资源的合理运用和有效配置。

所以，如果能明白这一点，就不会有赚钱卡点。勇敢出售自己的商品或服务，让个人价值最大化。与此同时，你也在发生购买行为，帮别人突破赚钱卡点。

如何克服 03
不敢做销售的恐惧

克服销售恐惧，首先要摒弃错误的观念。销售不是强买强卖，而是在良好的体验中达成交易。

普通人要想靠近财富，很重要的一个方法就是做销售。很多人做不好销售，不敢向别人推销产品，也不敢推销自己，并不是不会销售，而是被错误的观念束缚了。下面和大家分享几个常见的束缚人让人不敢做销售的错误观念。

第一，销售就是强买强卖。 你可能遇到过不恰当的推销场景，导致错把这种不好的体验与销售画上等号。其实，别人反感的不是销售，而是不合适的销售方式。你可以多看看销售做得好的人是怎么做的。

第二，被人拒绝就等于销售彻底失败。 大家要知道，成功把东西卖出去是概率事件，总会有人因为不需要你的产品而拒绝你。很多人不是害怕销售，而是害怕被人拒绝。被拒绝很正常，要接纳这种情况的存在。如果被拒绝了，那就换下一个人继续尝试。

第三，酒香不怕巷子深。很多人会把主动销售、上门推销当成没面子的事。在现在这个产品过剩的时代，主动出击做销售并不丢脸。主动出击才有可能获得用户，"酒香也怕巷子深"。

赚钱是地板 幸福是天花板

◙ **我的财富思考** ◙

04

如何才能
大胆地卖东西

销售不仅是达成交易，更是建立关系。

在卖东西这件事上，我不仅没有卡点，还觉得这是一件非常好的事。作为一名财富顾问和老师，如果我自己不敢营销，存在各种金钱卡点，那我怎么可以教学生？毕竟，看一个人能否赚大钱，就是看他是否具备营销思维和营销策略，这是在以身教学。关于大胆卖东西，我的心得如下。

第一，持续卖。这样能够筛选出自己的忠实用户，也就是"铁粉"，你将明确未来要和谁共赢。

第二，认真准备。别人为你付费，你一定要认真准备，并超值交付产品。消费者对于产品的质量都有自己的判断，你的认真一定能够经得起消费者的检验。这样的正向循环会让你在后续的销售中更加大胆、更加笃定。

第三，短期交付验货。当你对卖东西这件事心存疑虑的时候，不如先交付一个短期验货产品，让更多人有机会低成本验货，帮助你对后面要交付的产品进行优化。

第四，额外交付。在保证正常交付的前提下，为消费者提供额外的交付产品，这样有助于你收获口碑，提升信心。

第五，总结方法。把卖东西的过程当成一次学习的过程，从形形色色的用户身上总结销售方法，这样你会卖得更多、更好，获得更高的收益、更好的口碑。

如果此刻的你对于卖自己的产品不够自信，那不如试试上面的方法。相信自己，大胆去卖！争取每次都能给到用户超值体验和收获，卖得越多，信任越大，转化越容易，赚钱越轻松！

◎ 我的财富思考 ◎

如何突破
不敢营销的卡点

05

营销的本质，在于解决问题并获得报酬。

很多人对于卖东西有"羞耻"感，总觉得那是将自己的意愿强加于别人身上。要想突破不敢营销的卡点，只需要想清楚以下两个问题。

第一，你是否相信你卖的产品或服务能够帮助别人解决问题？你的产品或服务凝聚了你的时间和精力，你应该相信它的价值。不要害怕营销，你赚到的钱是你帮别人解决问题之后应得的报酬。

第二，你是否发自内心热爱分享，愿意把好的东西分享给需要它的人？你不敢营销可能是怕别人不认可你的分享，然而这不过是你的执念罢了。你只需要带着喜悦和热爱去分享，放下影响所有人的执念，那么能被你影响的人就会被你吸引。

什么是高级营销 06

赚钱是地板 幸福是天花板

高级营销，就是提供超越商品本身的解决方案和超出期待的服务体验。

我来给大家讲一个故事。

因为朋友转介绍，我来到一家不大的买手店。这家店开在一条街的拐角处，位置并不十分醒目，但是前来光顾的客人却络绎不绝。店主是一个个子不高、体形清瘦、气质独特的美女。进店溜达一圈，我看着那些衣服无从下手，于是店主非常耐心地为我搭配起来。从内搭到外套，从裤子到鞋子，从耳饰、项链到包包……每试一套，店主都要为我更换配饰。就这么试了 3 小时，店主全程微笑且保持耐心，没有表现出任何硬成交的意思。我之前买衣服，要么纠结如何搭配，要么陷入身材焦虑。但那天在店主的服务下，我直接买了几十件衣服、配饰，且全部都是搭配好的。

结算后店主说："现在的人缺的不是衣服，而是搭配方案，我们卖的不是衣服，而是让你穿出去好看的搭配方案，以及试衣过程中女王般的体验。"这种营销，就是高级营销。

如何提高
营销成功率

> 我的营销价值理念就是和对的人共赢，找到对的人，给
> 对的人提供充足的信息。而这，需要做好"阳谋营销"。

不少人在卖东西给别人时不好意思直接说，遮遮掩掩，以为这样做会降低用户的防备心，殊不知，这反而让用户觉得受到了欺骗，自己也没有办法吸引真正的目标用户，陷入"双输"的局面。

我主张大大方方做营销，即"阳谋营销"——明确目标用户，筛选目标用户，对目标用户释放明确的营销信息。阳谋营销是提高营销成功率的关键。那具体该如何做呢？这里和大家分享我的做法。

我曾举办三亚游学活动，邀请对私塾班有意向的学员来线下体验后报名，这次游学相当于一次带有招募性质的闭门会。但可能是因为信息不够透明，我发现一部分报名学员把这次游学当成了高性价比的旅游，这与我的初衷相背离。我要明确谁是我的目标用户。

于是，我做了流程调整。报名游学活动的学员需要做三件事：
一是主动联系我，说明自己是否对私塾班感兴趣；二是填
写表单并缴纳 5000 元预约线上专属教练面试；三是在通
过面试后付清尾款。

完成"三件事"的报名学员可以到线下"验货"，我们彼
此认可则签署协议，反之秒退全款，没有任何风险。对于
线上面试通过但仍比较犹豫的学员，我也邀请他到线下"验
货"后再做决定。

通过上述流程调整和机制同步，我们筛选出了非常精准的
目标用户并将他们汇聚到线下，大家体验非常好，我也成
功招募到了合适的私塾班学员。这次三亚游学活动也成为
一场结果确定、先胜而后战的营销活动。

和对的人共赢，既能让对方更容易做出适合自己的决策，
又能给自己一个更加确定的结果。这样我可以把更多的精
力放在用心交付上，用户也会因此而收获更多。

什么是最高级的营销方法 08

营销是把产品卖到有需求的用户手中的过程，本质上解决了产品信息不对称的问题。

最高级的营销方法是"吸引用户"，让他们自动成交。

比如，我的私塾班学员基本都是自愿付费跟随我学习的，甚至还怕我不收。我们有严格的审核机制，主要是想让报名者想清楚，私塾班是不是适合他，我是不是真的能帮到他。

还有就是常年"种草"，营销不是临门一脚的瞬时行为，而是融入日常的长期行为。

最好的营销并不是通过高级的技法实现的，而是你活出了美好的模样，让别人想要靠近你。

什么是
好生意

09

金钱和时间，是破解所有难题的核心。

大家都想做生意赚钱，但很多人不知道如何选择好生意。对此，我的看法如下。

第一，可以教别人赚钱和省钱的生意是好生意。

第二，可以帮别人节省时间的生意是好生意。

这几年，你会看到，投资理财课程、团购项目、高科技电子产品等都很有市场，因为这些领域的生意满足了上述两个条件，不是能帮大家赚钱、省钱，就是能帮大家节省时间。

如何找到自己的 创业方向 10

找到创业方向，就是找到能为用户提供真正价值的技能。
而创业成功的关键，在于为用户提供不可替代的价值。

如果想创业，比如开一家店，大部分人的思维流程是：确定行业（比如开设母婴店、餐饮店、服装店），然后选址、装修、选品、开业、营销……

但实际上，正确的思维流程应该是：首先，想好你能给别人提供什么价值，然后基于这一点选择行业及主营产品；然后，梳理自己有但别人没有的优势，比如工作经验、专业领域、毕业院校、就职公司等方面的优势，通过这些优势找到自己的特色定位。

但创业何其容易？很多人都存在一个通用问题，就是不知道自己能为别人提供什么价值，即无法找到自己的定位，无法找到自己的创业方向。

其实，定位是生长出来的。你可能需要先开始做事，然后根据大家的反馈进行调整，形成优势。这就好比，你要出发去北京，其实并不是非得有一辆汽车才可以动身。你也可以先徒步，再骑上公路自行车，然后换上更高速的摩托车，最后再换上汽车。在你前进的过程中，你的定位会越来越清晰，你的能力会越来越强。

◑ 我的财富思考 ◐

为什么说 **11**
钱谁用就是谁的

钱的价值在于流通，谁用它创造了价值，它就属于谁。

先来看一个例子。

一个富二代问他的富商爸爸："老爸，咱们家有多少钱？"爸爸回答："你这辈子都花不完。"富二代又问："咱们家欠银行多少钱？"爸爸语重心长地说："咱们八辈子也还不完。"

按照上面的说法，富商似乎不富，他的负债似乎比他的财富更多，那为什么他还能成为富商呢？这就又要回到我们一直强调的那句话——财富的价值在于流通。

钱这东西，谁用它，它就是谁的。如果你能让一笔钱在你的手里因为流通而产生价值，那你就可以获得高于这笔钱原有价值的财富。即便在钱的流通过程中伴随着亏损和负债，但只要在你的可控范围之内，你就能获得财富的杠杆。

在手里有钱的时候，你要有流通意识，不断把钱花出去，

跟着释予欣 家和财富兴

然后赚更多钱回来，再把它花出去。把钱用起来，这些钱就是你的。

很多人赚到第一桶金后，总想独占，不想把钱分出去，最后的结果往往不会特别好，至少他很难通过这些钱去创造更多的财富。

钱对我们来说，只要它能为我们所用，给我们带来价值，那就足够了。

赚钱是地板 幸福是天花板

◎ **我的财富思考** ◎

后记

创业 7 年，我不仅仅实现了财富上的大幅增长，更重要的是，我还收获了家庭和睦、朋友信任、内心充盈，这让我知道，我非常富有。

我是活在爱中的人，个人经历也极为丰富。一路走来，我获得了家人、老师、盟友、学员的爱和支持，这让我比一般人更容易从容地应对所有的困难和坎坷，因为他们让我的生命充满了美好的希望。

首先感谢我的原生家庭，从小父母言传身教，教会我做人正直、善良，诚信。他们给了我极大的宽容，让我有探索、求知的勇气。

感谢我的爱人和两个女儿，是他们成就了我，让我成为更好的妻子、更好的妈妈和更好的自己。

特别感谢我的恩师剽悍一只猫，跟着他学习以后，我找到了人生大志，个人影响力大幅提升。本书的出版受到剽悍一只猫老师的影响，特别感谢他为本书作序。

感谢品牌顾问老秦。2023 年 12 月，他帮我实现个人品牌升级，同时他也是本书的主要推动者、策划人。在他的指导下，本书得以顺利出版。

感谢电子工业出版社的编辑滕滕，她全程非常耐心地指导我，还协助我们开设了一期内容创富训练营，为训练营做内容指导，她的耐心、负责，非常令我感动。

感谢一路指导、提点我的恩师和盟友，没有他们，就没有今天的我，他们是我生命中的明灯。

这里要特别介绍我的学生刘洁冰，她是我财富私塾班的学生。本书的出版，她全程参与并且多次对内容进行整理、修改，她锻炼自我、提升自我的过程都凝聚在本书中。

感谢我的学生李林奕、张丹丹、叶小新、苏若熙、朱妍、李欣儒、Ashley（倩倩）、王爽、悦如、张文贤杰、张璐，本书是他们从我过去 7 年里写下的近 2000 多篇文章（共计 200 余万字）中整理、提炼而成的，这个过程让他们更好地了解我，锻炼自己。

感谢本书的首席赞助人陈芃宇、包大人、李林奕，在我招募首席赞助人的时候，他们第一时间支持我。

感谢本书的天使赞助人笑笑、乔乔、刘洁冰、Ashley（倩倩）、张永梅、马茗蔚、王悦如、张丹丹、冰凌花、范玉婷、晋莉、胡雨霏、周叶梅、夏博雯、左小红、昕玥等的倾力赞助。

最后，感谢所有阅读本书的读者，如果本书能给各位读者一点点启发，并获得大家的认可，那么这就是本书的价值所在，也是我继续前进的动力。

写在最后：
1. 建议多读几遍。
2. 欢迎把本书推荐给你真正在乎的人。
3. 如果你想升级自己的圈子，跟更多牛人共同成长、变富，欢迎加入我的社群。
4. 我想对你说，赚钱是地板，幸福是天花板。

扫码关注微信公众号"释予欣"
持续学习财富智慧

赚钱是地板　幸福是天花板

首席赞助人
Principal Sponsor

陈芃宇
（微信号：pengyu85723）

个人介绍

私人财富顾问

· 释予欣财富私教班交付导师。
· 释予欣财富私塾班第一位学生。
· 帮普通人低息融资 6000 多万元。
· 帮助 300 多个家庭实现年收入翻倍。

投资人

· 曾任上市公司财务总监，两家上市公司的天使投资人。
· 陪伴并运作两家企业从初创到上市。

培训师、企业顾问

· 浙江工商大学杭州商学院特邀讲师、杭州校友会副会长。
· 市值 10 亿元企业的财务顾问。

个人故事

2020 年，我在社群里听了释予欣老师的公开课，对她的商业敏感度特别佩服，于是果断为她付费，成了她的学生。

2021 年，因为在财务领域的专业度，我有幸成为释予欣老师的创业合伙人，主要负责释予欣财富私教班的学员交付，且获得了学员的高度认可。

在跟随释予欣老师学习的这些年里，我实现了工作自由，能够高质量陪伴儿女，得到了爱人和父母的认可，我的家庭支持系统大幅提升。我也曾跟随释予欣老师多次和高段位人士交流，见世面，极大丰富了我的人生经历和体验。

我一直认为：财富增长的秘诀在于"融"，融资金、融资源、融人脉，它是巨大的杠杆，是拉开人与人之间财富差距的关键。在一无所有时，务必建立好自己的信用。有了信用，别人才会觉得你靠谱，愿意给你资源、人脉，甚至借钱给你。

我始终坚信这个原则，所以，释予欣老师的第一本书上市，我无条件支持，成为首席赞助人。我是一个非常挑剔且非常认人的人，跟释予欣老师一起创业 5 年多，我见证了她的人品、格局和能力。人生最重要的配置，除了配偶，就是事业上能够交付后背的合伙人，以及成长中能为你答疑解惑的人生导师。

到底如何有效积累财富？释予欣老师的这本书非常详细地给出了方法，可复制、可落地，非常适合想要变富的你！

让我们一起，跟着释予欣，家和财富兴！

首席赞助人
Principal Sponsor

包大人
（微信号：bdr851002）

个人介绍

财富架构导师

金鹅学堂创始人

独立投资人
· 擅长股票、基金、可转债投资，实现稳定年化收益率达 15%。
· 管理资产超过千万元。

培训师、财富顾问
· 独创可转债交易体系，学员稳定收益率达 15% 以上。
· 帮助学员通过投资理财获得收益累计超过 2000 万元。
· 帮助 150 多个家庭实现多元化收入，实现富足人生。

跟着释予欣 家和财富兴

个人经历

2020年，开始运营微信公众号"金鹅学堂"，从零开始陪伴粉丝做定投基金，实现收益翻倍。

2021年，创办财商教育平台"金鹅学堂"，一年内影响超过1000人开始养"鹅"计划。

2021年，独创"故事型理财"教育体系，学员好评率达98%。

2022年，帮助学员通过投资理财累计获得收益超过2000万元。

2023年，独创"可转债日内交易体系"，实现交易标准化、流程化，优秀学员实现年收益翻倍。

2023年，帮助学员通过投资配置，半年内实现财务自由。

2024年，立大志，行大愿，希望好好做一名老师，通过财富架构帮助学员实现时间自由、财务自由和心灵自由。

寄 语

人这一生，实现财富爆发和阶层跃迁的机会，大概就只有那么几次，比如，借着几次红利、几轮牛市、几位贵人。

保持好奇心，多走出去见牛人、见世界！

平时多积累认知，提升自己"看对势、跟对人、做对事"的眼光，在关键时刻重仓投入，你会更容易实现自己的梦想！

人生如投资，投资如人生！用80%的时间积累，去抓住20%的关键机会，你这一生就足够精彩了！

首席赞助人
Principal Sponsor

李林奕
（微信号：LLY001LLY）

个人介绍

叛逆英语主理人

帮助 3000 多个孩子，从厌恶学习英语到热爱学习英语，从不及格到班级排名前 10，家长转介绍率超过 80%。

头马双语演讲俱乐部主席

进入俱乐部 6 个月，被提名并当选 2023 届俱乐部主席。因 pathway 路径销讲力突飞猛进，而创造百万元营收。

赚钱是地板 幸福是天花板

个人故事

2017 年至 2023 年，在北京某英语教育机构总部担任英语老师。

因为突发疫情和"双减"政策，遇到了财富上的困惑，通过社群结识了释予欣老师，于是开始跟随释老师学习财富管理。

跟随释老师学习之后，在她的帮助下进行了商业规划，于是开始创业，定位叛逆英语，一年内收入涨了 5 倍。

到目前为止，累计帮助 3000 多个孩子，从厌恶学习英语到热爱学习英语，从不及格到班级排名前 10；帮助 200 多个青少年，从一提英语就哭天喊地，到 KET/PET 成绩卓越。家长转介绍率超过 80%。

不仅帮助孩子提升成绩，还改善了家庭的亲子关系，收获了创业背后更大的意义。

释老师的这本新书，从最初的整理到最终的出版，参与了全过程，且有幸拍下了第一本签名书。

希望这本书可以让更多人"变富"。因为，跟着释予欣，家和财富兴！

天使赞助人 & 特聘营销顾问

笑笑

擅长天赋解读，社群运营专家，通过操盘社群发售实现营收超七位数。

乔乔

10 年大厂视频剪辑师，社群运营实战专家。

刘洁冰

某直播电商公司投资人，线下闭门会操盘手，助力多位 IP 实现营收超七位数。

Ashley（倩倩）

500 强企业资深经理，职场精英成长导师。

张永梅

多家马厂老火锅连锁店店长，餐饮领域连续创业者。

马茗蔚

中国铁路职工安全教育工作 16 年，信用资产规划师。

王悦如

十年心理咨询师，帮助 1000 个以上的家庭找到幸福的密码。

张丹丹

高价 IP 内容营销顾问，帮助 100 位以上高价 IP 通过商业拆解和内容营销实现收入翻倍。

冰凌花

私人财富规划师，健康管理师，帮助 200 余人获得了健康的生活方式和财富增长。

范玉婷

"婷有财学堂"创始人，高级理财规划师，帮助 500 多名学员通过投资理财实现了每年 15% 的财富增长。

晋莉

高端宠物店老板，门店遍布成都、深圳、上海。

胡雨霏

税务师，律师，拥有 20 多年的税务经验，为多家大型企业解决纳税信用问题，帮助企业实现纳税信用修复。

天使赞助人 & 特聘营销顾问

周叶梅
中医硕士，主治医师，中医养生导师，致力于培养大家用中医外治法处理常见疾病。

夏博雯
7 年餐饮行业投资人，湖南某火锅店老板。

左小红
省级三甲医院中医皮肤科医生，泓霏医疗美容技术合伙人，天赋潜能创富导师。

昕玥
个人 / 企业营销策划顾问，帮助 100 家以上的企业解决困局，实现利润增长。